JN236306

文ではなくて、チャンクで話せ！

もっと自由に英語が使える

# チャンク英文法

CosmoPier

## ▶▶▶ はじめに

　従来の英語の学び方は、文法を学び、英語を日本語に訳読するというものでした。これは「文法訳読方式」と呼ばれています。この方式にはいろいろな問題があり、さまざまな批判が加えられていますが、同時に、いくら会話に有用な表現を身につけたとしても、文法をないがしろにした学習では本当の意味でのコミュニケーション能力にはつながらないという考え方も、依然、優勢です。

　しかし、問題は「文法」というものをどう捉え、コミュニケーション能力の一部としての文法をどう位置づけるかということです。

　私たちは、まず、コミュニケーション能力を「言語リソース(language resources)」と「タスク・ハンドリング(task-handling)」の相互作用と考えています。つまり、どういうタスクをどういった言語リソースを使って、どれだけ有効にあるいは機能的にハンドリングすることができるか、ということです。

　文法は、語彙や機能表現などとともに「言語リソース」に含まれます。そして、文法はタスクをハンドリングする際に不可欠なリソースとなるわけです。

　しかし、ここで問題は、上述した通り「文法」の捉え方です。

　私たちは、文法力とは英文の編成能力だと考えています。情況に応じて自在に英文を編成する力、それこそが文法力です。英文を編成する力には、情報単位としての「チャンク(chunk)」を形成する能力と、チャンク同士をつなげるチャンキング(chunking)能力が含まれます。本書の題名が『チャンク英文法』というのは、このことを踏まえてのことです。

　本書では「覚える文法」から「わかる文法」への転換をはかって

います。具体的には、本書の特色は3つあります。

　第一に、部分部分の説明で終わるのではなく、チャンクの作り方とその配列の仕方に注目することで、全体がわかるシステムとしての英文法を提示していること。

　第二に、文章を書く際の文法との対比で、会話の文法の実際のありようを具体的に示していること。

　そして第三に、内容にピッタリ即したイラストを使用することで身体感覚的にわかるということを追求していること、です。

　また、本書では、言語リソースとしての英文法を解説するだけではなく、reading comprehension tasksとlistening comprehension tasksといったタスク・ハンドリングにおけるチャンク理論の応用についても詳述しています。コミュニケーション能力が、言語リソースを使ってタスクをハンドリングすることができる力であるかぎり、文法力をどうタスク・ハンドリングに生かすかを示すことは不可欠になります。

　本書を通じて、チャンクの形成のしかたを学ぶと同時に、チャンキングを通して英語を実践的に理解する力を身につけていただきたい、と願っています。

　なお、本書の作成においては坂本由子さんに、内容・校正のすべての面において助言をいただきました。また、高野直子さんには、内容に即したイラスト表現をするためにさまざまな工夫をお願いしました。ここに感謝の意を表したいと思います。

2006年4月末日
田中茂範、佐藤芳明、河原清志

# ▶▶▶ CONTENTS

はじめに ……………………………………………… 2
本書の基本的な考え方 ……………………………… 6

## PART 1　基礎編

### 名詞チャンク

1… 名詞チャンクはこう作ろう ……………………………… 12
2… ワクで仕切れる感じのa ………………………………… 16
3… 「あなたもわかるでしょ」のthe ………………………… 22
4… theのなかま、aのなかま ………………………………… 28
5… 名詞の後ろでゾロゾロ説明するパターン ……………… 34
6… 名詞化されたコトを表すチャンク ……………………… 38
7… 何を主語に立てる？ ……………………………………… 44

コラム
　名詞のタイプ分け ………………………………………… 20
　「テレビ」「ラジオ」「ギター」「サッカー」……………… 26
　名詞チャンクを作る特殊な前置修飾の形 ……………… 32
　主語(主役)と動詞(ふるまい)の日英比較 ……………… 50

### 動詞チャンク

1… コト（出来事）を語る動詞の図式 ……………………… 52
2… 人（モノ）の行為に働きかける動詞 …………………… 60
3… 動詞チャンク（時制）のしくみ ………………………… 64
4… 変化が見えない単純形vs 変化が見える進行形 ………… 68
5… 今への影響を語る現在完了 ……………………………… 72
6… 何をされてどうなっているか＝受身 …………………… 76
7… 未来の表現を使い分ける ………………………………… 80
8… 助動詞① …………………………………………………… 84
9… 助動詞② …………………………………………………… 88
10… 助動詞③ …………………………………………………… 92

コラム
　他動詞と自動詞 …………………………………………… 58

## 副詞チャンク

1 ... 副詞チャンクは表現の宝庫 …………………………………… 96
2 ... S＋V＋αと副詞チャンク ……………………………………… 100
3 ... 状況設定のイントロ …………………………………………… 106
4 ... 何をどれだけ否定する？ ……………………………………… 110
5 ... 節の副詞チャンク① …………………………………………… 114
6 ... 節の副詞チャンク② …………………………………………… 120

### コラム
＜強調＞＜倒置＞＜省略＞＜並列＞ ………………………………… 126

## 形容詞のはたらき

1 ... コトを語る形容詞 ……………………………………………… 130
2 ... 情報展開をトリガーする形容詞 ……………………………… 134

## 前置詞のはたらき

1 ... 前置詞① ………………………………………………………… 138
2 ... 前置詞② ………………………………………………………… 146

# PART 2　実践編

**スピーキング** CD No.02〜09 ……………………………………… 156
　チャンキング英会話のすすめ

**リスニング** CD No.10〜24 ………………………………………… 172
　チャンク・リスニング

**リーディング** CD No.25〜27 ……………………………………… 202
　チャンク・リーディング

問題の解答と解説 ………………………………………………… 236

担当：PART 1　佐藤芳明、PART 2　田中茂範（スピーキング）、河原清志（リスニング、リーディング）

# ▶▶▶ この本の基本的な考え方

## ◆ナルホド！ オモシロイ！ と思える文法

　これまでは文法というと、文を作るための規則がズラーッとならんでいて、それをとにかく覚えていくという感じだった。「なぜ、そうなるんですか？」などと質問しようものなら、「余計なこといわずに覚えなさい！」なんて叱られたりしながら。もちろん、主語が三人称・単数で現在のときには動詞に s をつける、というような理屈で説明できないものもある。

　けれども、文法の中でやっかいだと思われていることのほとんどが、実はかなりうまく説明できてしまうのだ。

　たとえば、I've lost my bag. に yesterday をたすとなぜヘンなのか？ それは have (何かを有している)が、現在の状態として [lost my bag]を示している、つまり、「今カバンがない」といっているからだ。

　また、I enjoy singing. で、singing を to sing にできないのはなぜだろう？ doing は＜している(する)こと＞だから「歌っている(歌う)のが楽しい」で、とても自然だ。でも、to do は＜行為にむかう＞で、ふつうは、まだやってないことを示す。まだやってないことは楽しめないから、そうはいわないということになる。

　それから、I made him go. では、なぜ to go としないのか？「彼に(無理にでも)行かせる」ということは、彼が＜行為にむかう＞だけではなくて、行為を確実にすることが前提になる。そこで、to をとって、＜むかう＞だけではなくて本当にするんですよ、ということを形で示しているのだ。

　ところで、ムズカシイと思われがちの関係詞、なんで疑問詞と同じ who とか which を使っているんだろう？ それは、前に出てきた名詞について、「誰かっていうと」「どれかっていうと」と説明をつけたすシグナルだと思えば、ずいぶんカンタンにわかってしまう。

## ◆機械的な日英の変換ではなく、状況をコトバでつかむ

　そんな感じの説明が、この本にはちりばめられているから、きっと、へーとか、ふーんとか、思いながら肩ヒジはらずに読めるはず。あと、文字で説明するだけじゃ堅苦しくてツマラナイから、イラストをたくさん入れてある。

　それと、機械的な日英の変換作業はできるだけやめて、コトバを使う状況をイメージすることを重視している。コトバは必ず、「今」「ここ」にいる「わたし」が具体的な状況で使う。だから、いつでも、そういう状況をイメージして、それをコトバでつかまえようとすることが大切だ。そういう訓練をつんでいけば、きっと、いざというときにも思い切って使ってみたくなるはずだ。

## ◆会話に生かせるチャンクの文法

　文法的に正しい文を作ろうとしているうちに、話の流れについていけなくなってしまう――誰でもそんな経験はあるはずだ。でも、この本を読めば、それに対する突破口もひらけてくる。なぜなら、この本は、「文法的に正しい文を作る」というプレッシャーをいったん脇に置いて、文ができる前にあるはずの、意味のかたまりとしての＜断片＝チャンク＞に注目して、その作り方とつなぎ方をチャンクの文法として示しているからだ。

　チャンクの具体的な例としては、the store around the corner (角の店)などの名詞チャンク、should have dropped by (立ち寄るべきだったのに)などの動詞チャンク、on my way home (家に返る途中で)などの副詞チャンクがある。これらは、たしかに断片的な表現にはちがいない。けれども、その中身はかなりキッチリ作られていて、少しでも形や位置を変えると意味が通らなくなってしまう。これは、チャンクの中にちゃんと文法があるということを示している。

　そして、このチャンクの文法こそが、あらゆる表現の土台となっ

ているということは、話しコトバでも書きコトバでも変わらない。チャンクの作り方は会話でも文章でもまったく同じなのだ。ただ、チャンキング(チャンクをつなぐこと)の仕方はちょっと違う。

　会話は相手とのコトバのやりとりだから、ある程度テンポがよくて柔軟なチャンキングが求められる。思いついた順にポンポンとチャンクをたしていって、間違ったら言い直せばいいし、コトバにつまったら、well、you know、I mean などで間をつなぐのもいい。

　一方、文章は文字に残るから、そのチャンキングには慎重な編集作業が必要になる。また、文字情報をわかりやすくするために、カンマやピリオドを使う。そこからやがて、単文を基準にすれば＜1文 1 V(述語動詞) 1 ピリオド＞の原則が定着していくことになる。これがまた、音声のコトバにもはねかえってくるのはもちろんで、原稿を読むスピーチはその典型だ。でもとにかく、会話でも文章でもスピーチでも、チャンクの文法が土台にあることは間違いない。

### ◆チャンクの基礎と実践

　ここで、この本のおおまかな流れを示そう。Part 1 の基礎編は、チャンクをどう作るかが主なポイントになる。モノ的世界を示す名詞チャンクとコト(出来事)的世界を語る動詞チャンクをふたつの柱として、表現の幅を広げる副詞チャンクが加わる。それから、これらのチャンクを補うものとして、形容詞と前置詞について一味違った角度からふれている。

　Part 2 の実践編は、スピーキング、リスニング、リーディングの3つのセクションからなっている。スピーキング・セクションでは、会話の文法の真髄が語られている。チャンクという発想の源泉もここにある。文を作ろうとするのではなく、チャンキングによって話そうとするほうが、より自然にコミュニケーションがはかれるということがきっと理解できるはずだ。また、ネイティブの感覚をただなぞろうとする姿勢では、なぜ十分ではないのかという指摘も味読したい。

# この本の基本的な考え方

　リスニング・セクションでは、音声を識別するだけではなく、どうやって意味を構成していくか、その点を徹底して訓練するメニューが示される。ぜひ、クリアな聴解を体感してほしい。
　リーディング・セクションでは、速く正確に読むために、どのようにチャンクの発想を生かしていくべきかが説かれていて、きっと今までとは違った読みの姿勢が身につくはずだ。
　ライティングという項目は特に設けていないものの、文法セクションを中心にその基本的な要素は多く含まれている。その意味で、この本は、チャンク英文法から立ち上げて、その実践として4技能への接続をはかることも視野に収めているということを指摘しておきたい。


　文法セクションの英文作成等で献身的に協力してくれたリンダ・ハウズマンさんから、以下のような推薦のことばをいただきましたので紹介しておきましょう。

　"Tailored to the 'sincere' learner, relevant content and sophisticated vocabulary allows the reader to go beyond mechanical, routine grammatical exercises. Explanations 'talk to' the reader in a personal way to point out the fine, delicate intricacies of language understanding. Presenting this approach, it is hoped that the reader can 'break into' the language with natural understanding and flexibility."

　英語を本気で身につけたい人のためにこそ書かれたのがこの本です。実感のもてる題材と洗練された語彙によって、機械的で単調な文法練習のパターンを乗り越えることができるでしょう。読者に語りかけるような説明によって、実に繊細で緻密なことばの理解の仕方が明かされることでしょう。このアプローチを通じて、読者の皆さんに自然な理解と柔軟な使い方を身につけていただいて、それをもって、英語の世界に飛び込んでいってほしいと思います。

# PART 1

**名詞チャンク** ▸▸▸ *p.12*
**動詞チャンク** ▸▸▸ *p.52*
**副詞チャンク** ▸▸▸ *p.96*
**形容詞のはたらき** ▸▸▸ *p.130*
**前置詞のはたらき** ▸▸▸ *p.138*

# 基礎編

チャンクとは意味のかたまりです。基礎編では、チャンクをどう作るかを中心に見ていきましょう。モノ的世界を示す名詞チャンクと出来事的な世界・コト的な世界を示す動詞チャンクのふたつを柱として、それに表現の幅を広げる副詞チャンク、チャンクのはたらきを補う前置詞と形容詞についても簡単にふれていきます。

# 1 名詞チャンク

▶▶▶ **名詞チャンクはこう作ろう！**

モノを指し示すことができるのは名詞です。ここでは同じ種類のモノ同士を差別化する修飾語の位置についてみてみましょう。

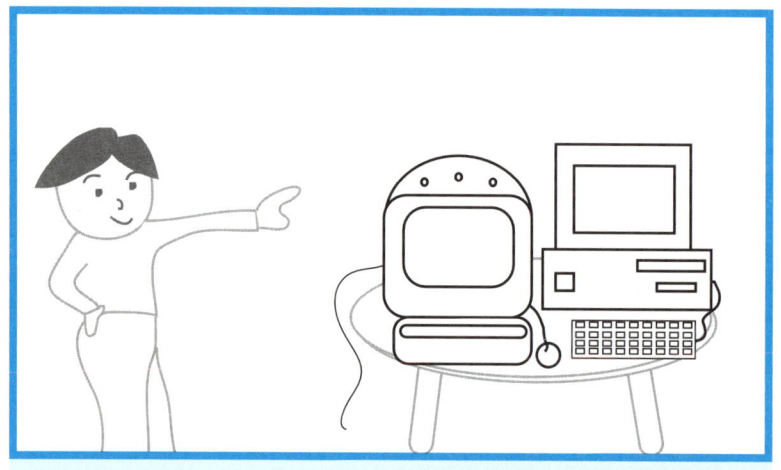

イラストの状況に合うように与えられた語句を並べ替えてみよう。
Look at _____.
[on the desk / brand-new / computers / those / two].

解答はp.236

## ◆名詞でつかまえるモノ的世界

　私たちはモノに囲まれて生きている。「家」もモノなら、それを支える「柱」も「壁」も「床」も、みなモノだ。「デスク」もモノなら、その上の「コンピュータ」も「マウス」も「プリンタ」も、すべてモノだ。
　ところで、これらのモノを指し示せるのは、名詞というコトバのおかげだ。だから、名詞をちゃんと使えれば、モノ的世界をつかまえることができる。これは日本語でも英語でも同じだ。
　けれども、名詞だけでは、同じ種類のモノ同士を区別することが

できない。そこで、いろいろな修飾語句が使われる。たとえば、*an exciting* filmは退屈な映画じゃないし、the magazine *he subscribes to*は数ある雑誌の中でも、彼が購読しているものにしぼられるという具合だ。

### ◆英語の修飾はサンドイッチ型

名詞に修飾語句がくっつくとき、日本語では＜［机の上の］［あの］［ふたつの］［新品の］コンピュータ＞のように、修飾語句はすべて名詞の前にくる。英語では、＜[those][two][brand-new] computers [on the desk]＞のように、限定詞や形容詞は名詞の前にきて(前置修飾)、2語以上のカタマリで名詞を修飾するものは後ろに置かれる(後置修飾)。

つまり、日本語は「先行修飾型」で、英語は「サンドイッチ型」になる。このサンドイッチ型の表現を「名詞チャンク」と呼ぶことにして、その情報の並べ方を記すと以下のようになる。

## 名詞チャンク
## ［限定詞＋(数詞)＋(形容詞)＋核名詞＋(後置修飾)］

※（ ）内は不要なときは使わない。名詞チャンクの基本形は「限定詞＋核名詞」。

※ 限定詞には、「冠詞」のa[an]、the、「指示語」のthis、thatなど、「所有格」のmy、your、hisなど、「全」か「一部」か「無」かを示すall、some、any、no、every、each、both、either、neitherなどがある。限定詞は名詞チャンクの先頭でひとつしか使えない (a my friendはダメ、a friend of mineはOK)。
※ 数詞には、基数(one, five, twenty-one, *etc.*)と序数(first, second, last, *etc.*)がある。
※ 後置修飾は2語以上のカタマリで、前の名詞を説明する表現。前置詞＋名詞、to do、doing…、done…、関係詞節などがある。

### ◆修飾語句＋名詞＝前置修飾のいろいろ

　ここでは、名詞の前にいろいろな語句がくっつくパターンをみておこう。まず「限定詞＋名詞」の基本形には、the document (その文書)、this product (この製品)、 my credit card (私のクレジットカード)、each student (学生ひとりひとり)などがある。「限定詞＋形容詞＋名詞」には、his favorite website (彼のお気に入りのサイト)、these alluring advertisements (これらのその気にさせる宣伝)などがある。

　「限定詞＋数詞＋形容詞＋名詞」の例としては、her two excellent presentations (彼女のふたつの優れた発表)などがある。日本語では「優れたふたつの」もOKだけれど、英語では数詞は形容詞の後ろには置けない。数詞に序数を使う例には、the author's second best work (その作家の2番目に良い作品)などがあり、さらに、2種の数詞を一度に使う場合は、their first three requests (彼らの最初の3つの要求)のように「序数＋基数」の順番で使う。

　では、さっそく練習してみよう！

## 名詞チャンク

基礎編

## EXERCISES

A. イラストをヒントに、与えられた語句を並べ替えて、名詞チャンクを作ってみよう。

(1) expensive / foreign cars / two / his

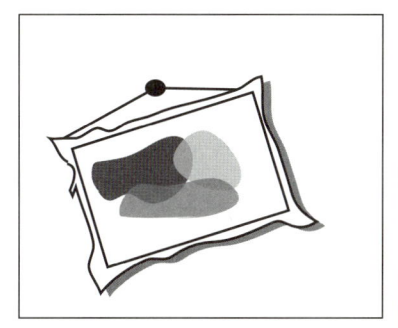

(2) painting / beautiful / watercolor / on the wall / that

(3) project / our / in this department / second

(4) American / software / well-known / company / the

B. 名詞チャンクを作って言ってみよう。

私のこの新しいケイタイ（cell phone）＿＿＿＿＿＿＿ is easy to use.

解答・解説は p.237

# 2 ▶▶▶ ワクで仕切れる感じのa

名詞が示すモノがいくつもあって、その中からひとつを取り出せる感じがするときに、aやanを使います。

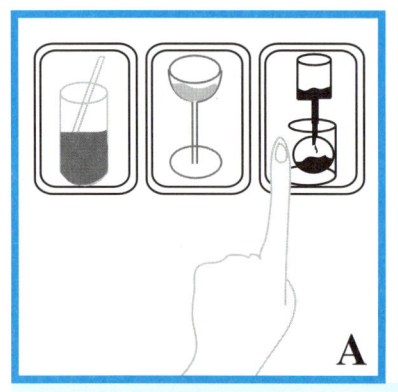

イラストの状況に合うよう、英語にしてみよう。
**「コーヒーをください」**
A. Give me ＿＿＿＿＿＿＿＿＿＿＿＿＿＿＿, please.
B. Give me ＿＿＿＿＿＿＿＿＿＿＿＿＿＿＿, please.

解答はp.236

### ◆a[an]（または複数形）と無冠詞

　名詞が指し示すモノのイメージは、a[an]があるかないかでずいぶん違う。a chickenはいくつもある鶏のうちの1羽、chickenは定まった形のないチキンという感じだ。だから、a chickenはchickenにaをつけただけというのではなく、a chickenとchickenは最初から違うモノだと思ったほうがいい。

1. We had *a chicken* for dinner.
2. We had *chicken* for dinner.

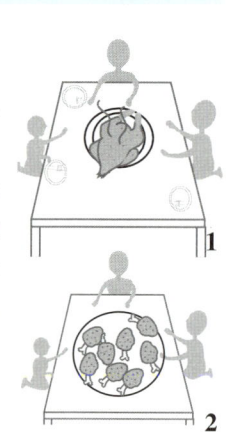

an apple(ひとつのリンゴ)と、apple(切ったり擦ったりしたリンゴ)にもそういった違いがある。

ここで、a[an]と無冠詞の使い方を整理しておこう。

★ 名詞が示すモノがいくつもあって、その中からひとつを取り出せる感じがするとき
⇒「a[an]＋名詞」を使う。
*e.g.* a chicken, an apple

★ 名詞が示すモノが、決まった形やワクをもたないと感じられるとき
⇒ 無冠詞の名詞を使う。
*e.g.* chicken, apple

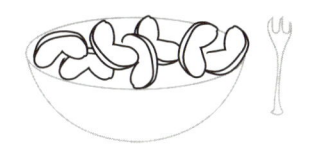

「コーヒーをください」はどうだろう。ジュースじゃなくてコーヒーとか、素材としてのコーヒー(粉や豆)というときには、一定のワクはないからGive me *coffee*, please.でいい。カップ一杯のコーヒーととらえれば、いくつもある中からひとつを取り出せる感じがするから、Give me *a coffee*, please.とできる(もちろん、a cup of coffeeでもいい)。

ところで、ひとつを取り出せるなら、場合によっては、ふたつ以上取り出すこともできるから、a[an]を使うかわりに複数形を選ぶ場合もあるということになる。それで、two chickens (鶏の丸焼きふたつ)やthree coffees (コーヒー3杯)などもOKになる。

◆aがついてない単数名詞 ＝ 流動的イメージ

aをつけないで使う名詞には、水(water)や空気(air)みたいな流動的イメージがある。流動的だから、つかみどころがなくて、どこからどれだけ取り出しても、それ自体であることには変わりがない。

だから、数を数えよう(many、fewなどが使える)というより量を計ろう(much、littleが使える)という感じになる。お金(money)や情報(information)も、世の中を流れ通うモノととらえられるから、aをつけない名詞のなかまに入る。

## ◆アタマの体操

さらに柔軟な理解を得るために、以下の2文をくらべてみよう。

**3. He usually goes to *school* by bus.**
**4. Last Sunday we went to *a school* to play baseball.**

いつものように勉強をしに「学校へ行く」なら、go to schoolとする。schoolはワクつきの建物というより「本来的な活動の場」という感じだ。一方、いくつもあるなかでたまたまその学校に行ったというなら、4のようにa schoolとすることができる。もう1ペアみてみよう。

**5. *Mr. Nakata* lives around here.**
**6. *A Mr. Nakata* came to see you.**

固有名詞はもともとひとつで、集合からひとつを取り出すわけじゃないから、a[an](複数形)はふつう使わない。けれども、たまたまNakataさんが複数いて、そこからひとりを取り出せる感じになると、a Mr. Nakata (中田さんという人)も可能になる。

## ◆数えやすいか、数えにくいか ＝ 常識的判断

名詞が数えられるかどうかは程度の問題であることが多い。それはふつう、大きさに基づいて常識的に判断される。砂はふつうひと粒ずつ数えにくいからsand、小石は数えやすいからa pebble(pebbles)とする。ごはん粒は数えにくいからrice、ソバは1本ずつ数えやすいからa noodle(noodles)となる(ふつうは複数形)。

# 名詞チャンク

## EXERCISES

イラストをヒントに名詞の数に気をつけて、（　）の中からふさわしいほうを選んでみよう。

(1) Can you pick up (some coffee / coffees) on your way home?

(2) A: Do you want (a / some) watermelon? B: Oh, sure.
大きさからしてリンゴのようにはいかない

(3) He has (gray hair / a gray hair / gray hairs).
ちらりほらりと白いものが見えてきた

(4) She has (blond hair / a blond hair / blond hairs).
本数の問題じゃないですね

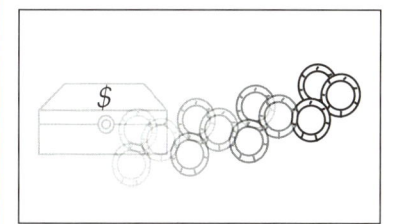

(5) There is (little money / few moneys) left in my bank account. 金は天下のまわりもの

(6) The Internet gives you (a great deal of information / many informations).
情報も流れるイメージ

解答・解説はp.237

## COLUMN

### ―名詞のタイプ分け

　名詞のタイプ分けについて、説明しておこう。
　名詞をどう見るかというときに、決め手となるのは「単一化」の原理だ。単一化とは、同一のモノの集合からひとつを取り出すことを意味する。取り出すことができると感じられる場合には、名詞にa[an](複数形)をつけることができる。この原理から、名詞の使い方を分類すると以下のようになる。

❶**固有名詞**：偶然の一致を除けば、この世でひとつしかないものの呼び名。ふつう単一化できない。例) George W. Bush、Tokyo、Mount Everestなど。

❷**普通名詞**：一定の形やワクをもった同種のモノからなる集合が存在し、その中から単一化することが可能である名詞。だから、a[an]や複数形を使える。例) a banana/bananas、a book/books、a dog/dogsなど。

❸**物質名詞**：どれだけの量を取り出しても、それ自体であることは変わらない。たとえば、「水」はどれだけ取り出しても、「水」であることには変わりがない。「クルマ」からハンドルだけを取り出してきて、それを「クルマ」とは呼べないのと対照的だ。物質名詞は一定の形がなく単一化できないのでa[an]を使わずに、water、air、goldなどと表す。

❹**集合名詞**：同一レベルの異なるモノをひとつ上位のレベルで同類にくくった名詞のこと。たとえば、「sofas、chairs、tablesなどの集まり」をfurnitureと呼び、「dogs、lions、horsesなどの集まり」をanimalsと呼ぶとき、furnitureとanimalsは集合名詞となる。

furnitureのように常に単数形で量的にとらえるものもあれば、animalsのように複数形で表すものもある。

**❺抽象名詞**：それが何であるかを語ることによってしか規定できない名詞。抽象的な観念を示すために、明確な形やワクをもたず、見たり触れたりすることができない。だから、ふつうは単一化されずに、beauty(美しさ)、kindness(親切さ)、democracy(民主主義)のように無冠詞で表す。

　とりあえず、以上の5種類に分類できる。けれども、この説明はあくまで原則だ。実際には、状況に応じて、固有名詞が普通名詞化したり(*e.g.* three Nakatas「3人の中田さん」)、物質名詞が普通名詞化したり(*e.g.* a coffee「一杯のコーヒー」)することがある。また、抽象名詞も、個別で具体的なケースを示すときには普通名詞化する(*e.g.* a beauty「美人」、a kindness「親切な行為」、a democracy「民主主義の国」)。さらに、普通名詞が物質名詞化されることもある(*e.g.* an appleで「1個のリンゴ」、appleで「無形の(切った、擦った)リンゴ」を表す場合)。
　こんなにたくさん例外が出てくるなら、絶対的なルールとして暗記してもあまり意味がない。むしろ、**大切なのは、名詞が示すモノを、いったいどのようにとらえているのか、その発想をつかもうとすることだ。**

# 3 ▶▶▶ 「あなたもわかるでしょ」のthe

the は、名詞の示す情報を相手と共有していることを表すサインです。では、その共有の仕方を具体的にみてみましょう。

イラストの状況に合うよう、（　）の中からふさわしい語句を選んでみよう。

「クルマが動かない。バッテリーがあがっちゃってる」
I can't get my car started.
(A battery/The battery/Battery) is dead. 解答はp.236

### ◆the ＝ 名詞の示す情報を共有する感覚

the は、話し手が「あなたもわかるでしょ」といえるような名詞を使うときに出てくる。つまり、the は名詞のもつ情報を相手と共有しているというサインだ。そして、この共有の仕方には、①指示、②常識、③文脈の3つがある。

①の指示による共有は、Look at *the* baby. (あの赤ちゃんを見て)、Open *the* window. (窓を開けて)、Pass me *the* salt, please. (塩を

取ってください)のように、話し手が相手にもすぐそれとわかるような目の前のモノを指す場合だ。

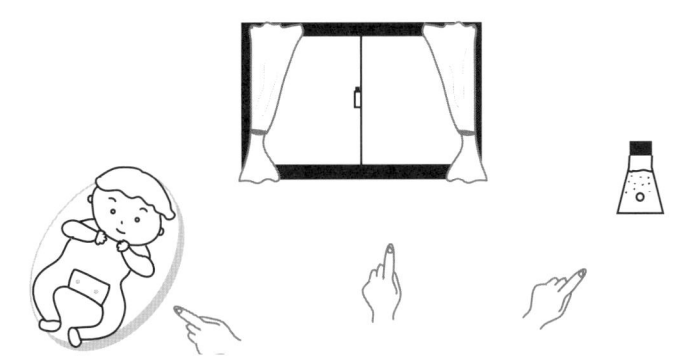

②は、太陽を*the* sun、月を*the* moonとするように、直接指させなくても、すぐにどれかわかる場合の*the*。Let's go to *the* station. (駅へ行こう)、Call *the* police. (警察を呼べ)もその例。I can't get my car started. *The* battery is dead.の*The* も、クルマにバッテリーはつきものという常識が通用することが前提になっている。

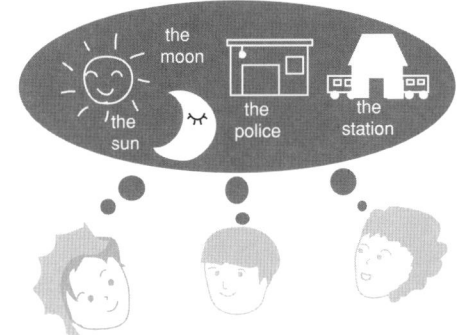

③の文脈による場合には、表現されたコトバのレベルで名詞のもつ情報が共有される。A friend of mine gave me a dog. *The* dog always gives me comfort. (友人が犬をくれた。その犬はいつも私にやすらぎを与えてくれる)のように、すでに述べた対象を取り上げる場合と、*The* lady I'd like to introduce you to is... (私があなたを紹介したい女性は……)のように、これから特定化することを予告する場合がある。

## ◆冠詞と名詞の組み合わせ

　ここでtheとa[an](または無冠詞)の使い分けについてみておこう。冠詞と名詞の組み合わせは次のふたつの基準で決まる。

基準①：名詞の指し示す情報が聞き手と共有されている[＝特定]か、共有されていない[＝不定]か。
基準②：名詞が示すモノに一定の形やワクがイメージでき、ひとつまたは複数を取り出せるか、流動的で形やワクがなくてそれができないか。

これを、wineという流動的なモノとcarというワクをもったモノで考えてみよう。

| | | |
|---|---|---|
| 特定 | the wine | 流動的(数えられない) |
| | the car | ワクあり／ひとつ |
| | the cars | ワクあり／ふたつ以上 |
| 不定 | wine | 流動的(数えられない) |
| | a car | ワクあり／ひとつ |
| | cars | ワクあり／ふたつ以上 |

　wineのように流動的なモノは一定のワクで仕切ることはできないので、a[an](または複数形)は使われない。そこで、特定か不定のふた通りの形(the wine、wine)ができる。
　carのようなワクつきのモノは単複の区別ができて、それぞれ特定・不定の場合があるから全部で4通り(the car、the cars、a car、cars)の幅があることになる。

# EXERCISES

< >の中のつぶやきをヒントに、冠詞に気をつけて、英文の( )の中から適切なコトバを選んでみよう。

**(1) 彼女は毎朝公園で散歩する**
　　<ああ、例の公園のことだな>
She takes a walk in
(park / a park / the park) every morning.

**(2) ドアの鍵をなくしちゃって……**
　　<どのドアかわかるよね、鍵はそのドアのもの>
I've lost (the key to the door /
a key to the door / the key to a door).

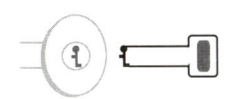

**(3) 犬が好きなんです**
　　<特定の犬ってわけじゃなくて、みな好きなんだ>
I like (a dog / the dogs / dogs).

**(4) このコンピュータのキーボードは打ちやすい**
　　<キーボード、このコンピュータのですが>
(Keyboard / A keyboard / The keyboard)
of this computer is easy to type on.

**(5) プリンタに紙を補充してください**
　　<紙はどれだけとっても紙、プリンタはそこにあるやつね>
Put (more paper / more papers)
in (printer / a printer / the printer).

解答・解説は p.237

## COLUMN

### ―「テレビ」「ラジオ」「ギター」「サッカー」

　「テレビを見る」は英語でwatch TVという。「テレビを買う」なら、ふつうはbuy *a* TVで、どのテレビか相手にもわかっていればbuy *the* TVといえる。「テレビの上に物を置くな」だと、Don't put things on *the* TV. になるだろう。

　このTV、*a* TV、*the* TVの使い分けは、日本語の感覚ではわかりにくい。けれども、これまでの話から、英語の冠詞がモノの見方を反映しているということはわかると思う。その観点をここでも徹底させてみよう。

　まず、テレビを見るときには、テレビという箱ではなく映像を見る。televisionはもともとtele(遠くの)＋vision(映像)で、映像は一定のワクで仕切れるシロモノじゃないから、aのつかないtelevision[TV]になる。これとは違って、テレビを買うときには、映像ではなくて一定のワクがある製品を買うから*a* television [TV]になる。それがどれだか、相手にもわかる場合にはtheが選択される。テレビが居間にあってすぐに指差せる状態なら、指示的な共有を示す*the* TVにするのがふつうだ。それを指さして＜ほら、それ、そのテレビ＞といえるような状況がそうだ。

　「ラジオを聞く」はlisten to *the* radioとふつうthe をつける。the radioはテレビと違って、製品そのものを指し、それに耳を傾けることが番組を聞くこととして理解される。ここで、*a* radioだとオヤッと思ってしまうのは、例えば、She is in *the* kitchen. (彼女は台

所にいる)でtheのかわりにaを使ってしまうのと同じだ。身近なところにひとつあればこと足りるからtheのほうがしっくりくる。もちろん、「ラジオを買う」なら、ふつうbuy *a* radioとするだろう。

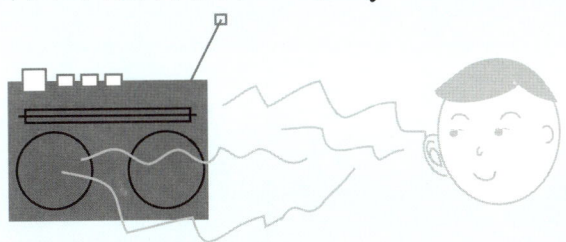

「ギター、ピアノなど楽器の名称にはtheをつける」というルールがあると思っていないだろうか。たしかに、「私はギターを弾く」はI play *the* guitar.とする。この*the* guitarは「あなたも知ってるいわゆるギター」で、もし仮にplay *a* guitarといったら、What kind of guitar do you play? (どんな種類のギターを弾くの?)と問われそうだ。ただし、このtheの使い方は「楽器を奏でる」という本来的な活動との関わりで生じている。だから、「ソファの上にはギターがあった」では、There was *a* guitar on the sofa. でまったく問題ない。

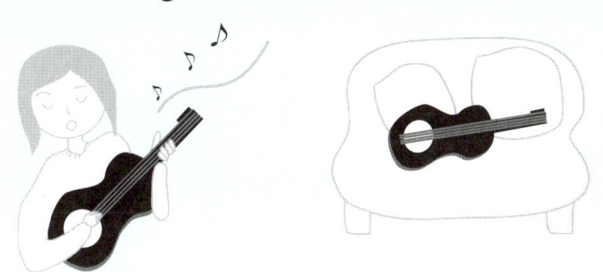

同じplayでもスポーツとなると話が違う。スポーツは具体物ではなく同種のモノの集合から取り出すという感じはしないから、play soccerのように無冠詞になる(baseball、basketballなども同様)。もちろん、「サッカーの試合を見る」なら、ひとつのワクがイメージできるからwatch *a* soccer gameでいいし、それがどの試合か相手にもわかるならtheを使うことができる。

# 4 ▶▶▶ theのなかま、aのなかま

theのなかまは、相手とのコミュニケーションの場における「なわばり感覚」を示し、aのなかまは、「取り出すことのできる感覚」を示します。

イラストの状況に合うように、（　）の中の適語を選んでみよう。

After ( the / its / these) wedding ceremony, ( some / every / both) relatives of the family joined ( a / the / her ) bride's parents at ( a / either / their) home.

解答はp.236

◆「なわばり」か、「取り出し」か

　ここでは、名詞の前でひとつだけ使う限定詞について、まとめてみておきたい。限定詞を大まかに分類すると、theのなかまとaのなかまのふたつのグループに分けることができる。

　theのなかまは、相手がいるコミュニケーションの場を前提に、ある種のなわばり感覚を示すもので、一方、aのなかまは、話し手

が自分の意識の中で集合(全体)をイメージして、そこから(全部か一部かゼロかを)取り出そうとする感覚を示すものだ。

### ★theのなかま(なわばりのイメージ)

定冠詞the
指示語this[these]、that[those]
所有格my、your、his、her、our、their、its

### ★aのなかま(取り出しのイメージ)

不定冠詞a[an]
all、some、any、no、every、each、both、either、neither

## ◆代名詞にもなるallのなかま

　a のなかまの all グループ(all〜neither)について観察しておこう。まず、これらはそれ自体に数量的な意味を含むので、ふつう数詞と一緒には使わない。

　また、*All* are silent. (みな黙っている)や*Some* of my friends are celebrities. (友人の中には有名人もいる)のように、代名詞の用法もある(everyにこの用法はなく、noは代わりにnoneを使う)。この「A(不定の部分) of B(特定の全体)」の型では、B には the などの限定詞を伴う名詞チャンク(または us、them などの代名詞)がくる。

all と both では、*all* the books や *both* my friends のように of を取ることもできるが、これは、もともと「全体＋of＋全体」を意味するので、of を取っても違和感がないため。ピッタリ半分も区切りが明確なので、half (of) the books でも of は省略可。ただし、some、none などではこういう of の省略はできない。

○ all the books　× some the books

### ◆名詞チャンクの先頭にくる all のなかま

some は漠然と「ある、多少(の)」を示し、any は好きに選ぶ感じで「どんな……でも」、否定では「少しも……ない、何も……ない」。Would you like to have *some* tea? (紅茶を(多少)飲みませんか)、I'll accept *any* idea. (どんなアイデアでも受け入れましょう)などがその例。

every は 3 つ以上のモノのまとまりを把握した上でそれぞれに目を向けるから、みんな同じだというイメージを示すのに対して、each は 2 者以上を個別に指すので、それぞれ違うという感じになる。

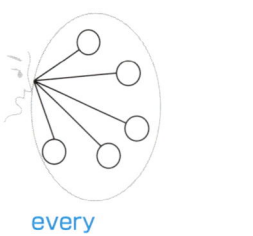

every　　　　　each

2 者について述べるときにだけ使うのが、both (両方)、either (どちらでも)、neither (どちらでもない)。

例えば、I have not yet seen *both* of his parents. (まだ彼の両方の親に会ったわけではない)や、A: Should I send it by e-mail or fax? B: *Either* will be fine. (A：それは e メールで送りましょうか、それともファックスにしますか？ B：どちらでもかまいません)のように使う。

ところで、many[much](more-most)、few(fewer-fewest)、little(less-least)は、比較変化をもつ数量形容詞なので、限定詞には入れていない。けれども、ア）ふつう数詞と一緒に使わない、イ）代名詞の用法がある、という点で大まかにいえば、allのなかまに入れられる。これらにも代名詞用法があって、*Few* say he is generous. (彼が気前がよいという人はほとんどいない)のように使える。

# EXERCISES

イラストと状況設定にふさわしい表現を選んでみよう。

(1) **知っている人がいますよ**
I know (some the members / some of members / some of the members) of this club.

(2) **今時感心な人だねえ**
He sends more than (half his salary / his half salary / half of salary) to his parents.

(3) **いざ話してみるとそれぞれ違った意見があるんですね**
I talked with (each neighbor / every neighbor / all the neighbors) in this community.

(4) **まだまだこれからです**
There is still (much / many / a lot of) to do to reconstruct the infrastructure after the volcanic eruption.

(5) **謎の多い人ですからね**
(Few / Little / Small) is known about his personal life.

解答・解説は p.238

## COLUMN

### 名詞チャンクを作る特殊な前置修飾の形

　実際の英文から名詞チャンクをひろい出してみると、ときどき、例外的な表現が出てくる。

　なかでも、よく目にするのが「名詞＋名詞」の複合名詞だ。日本語でも、「金魚」と「鉢」をくっつけて「金魚鉢」というように、英語でも前の名詞が後ろの名詞を修飾することがある。

| ＜all/both/half＞ | 限定詞 | 数量 | |
|---|---|---|---|
|  |  | many |  |
|  | some |  |  |
|  | each |  |  |
|  | that |  |  |
|  |  |  |  |
|  |  |  |  |
|  | a |  |  |
|  | the |  |  |
| all | these |  |  |
| half | their |  |  |
|  |  |  |  |

また、形容詞の前に副詞がくることがある。highly competitive fields(とても競争の激しい分野)などがその例で、応用形として their newly built house(彼らの新築の家)のように、分詞(形容詞)を含む場合もある。さらに、all、both、halfが「なわばり系」限定詞の前に姿を見せることがある。これらの例外的ケースを中心に、右端の核名詞の前にどのような修飾語が、どのような順番で入るか、具体例をあげておこう。

| (副詞)形容詞 | 名詞 | 核名詞 |
|---|---|---|
| interesting | | stories |
| American | | teenagers |
| | convenience | store |
| | fast food | restaurant |
| | language | learning |
| | culture | shock |
| ambitious | high school | students |
| long | summer | vacation |
| | local city | government |
| | | ideas |
| | living | expenses |
| quite profitable | Internet | businesses |

# 5 ▸▸▸ 名詞の後ろでゾロゾロ説明するパターン

英語では、名詞を2語以上の語句で説明(修飾)するときには、名詞を後ろから追いかけます。ここではその8つのパターンをみていきましょう。

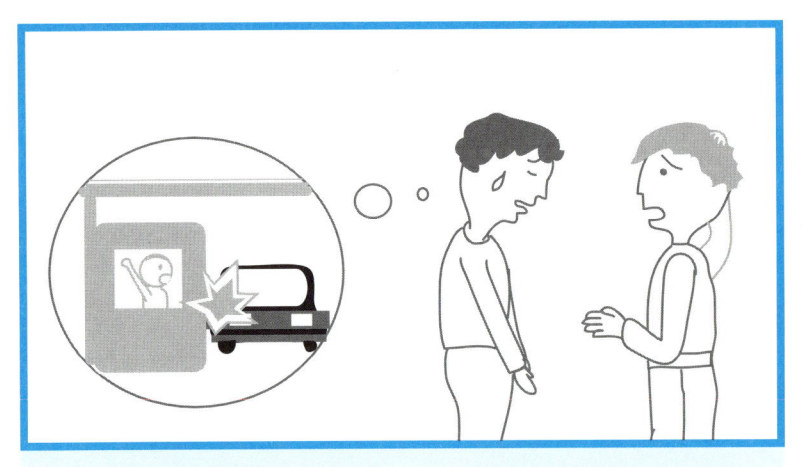

イラストの状況に合うように、[　]の語を並べ替えてみよう。
I'm sorry, but the [ I / from / car / borrowed ] you broke down.

解答はp.236

　英語では、名詞を2語以上の語句で説明(修飾)するときには、名詞の後ろから追いかけるような格好になる。日本語では名詞の説明が前に置かれるので、＜ゾロゾロ＋名詞＞となるが、英語では＜名詞＋ゾロゾロ＞になる。以下その具体的な形を見ていこう。

◆＜名詞＋ゾロゾロ＞の8パターン

①名詞 → 前置詞＋名詞
前の名詞に、主に空間的な情報(およびその比喩)をつけ加える。
a woman *in the garden*　(女性→庭にいる)

名詞チャンク 基礎編

a woman *in love* (女性→恋している)

② 名詞 → to do...

前の名詞に、これからする行為をつけ加える

a lot of work *to do* (多く仕事→これからなすべき)

a good opportunity *for you to take* (良い機会→君がつかむべき)

③ 名詞 → doing...

前の名詞に、現にしている行為をつけ加える

people *living in New York* (人々→ニューヨークに住んでいる)

④ 名詞 → done...

前の名詞に、すでになされている行為をつけ加える

the device *invented by Bell* (装置→ベルによって発明された)

⑤ 名詞 → 形容詞＋α

前の名詞に、描写や説明をつけたす。

an English magazine *too difficult for me*
(ある英語雑誌 → 私には難し過ぎる)

※ something、nothingなどを修飾する形容詞は、単独の場合でも後ろに置く。*e.g.* something *interesting* (何か面白いこと)

⑥ 名詞 → 関係詞節

前の名詞に動詞をもつ節で説明をつけたす。

a man *who once lived in this neighborhood*
(ある人→かつてこの近所に住んでいた)

⑦ 名詞 → 副詞(句)

前の名詞に対して、場所・時間などの簡潔な情報をつけたす(主に慣用化している表現)。

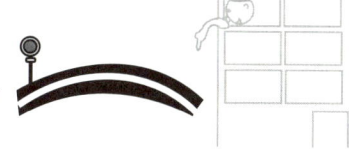

young people *today* (今日の若者)、the street *below* (すぐ下の通り)

⑧ 名詞→同格

前の名詞に対して「すなわち……」という同格の情報をつけたす場合

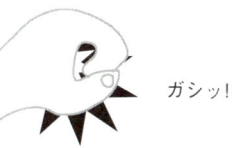

もこれらのパターンのなかまとみなせる。
"The Matrix," *one of my favorite films*
(『マトリックス』→私の好きな映画のひとつ)

### ◆関係詞＝指示語からくるthat、疑問詞からくるWH-

　関係詞と呼ばれるものは、どれも、指示語(that)あるいは疑問詞(WH-)からきている。thatは前の名詞を「それは」といって指示しながら説明し、WH-は、前の名詞が相手にとってわからないだろうという前提で、「誰かっていうと(who)」「いつかっていうと(when)」というふうに説明を加えていると考えればいい。

This is the most interesting book *that I have ever read.*
これは一番面白い本だ　　　　　　　　　　→ それは私がかつて読んだ
Do you know the man *who came yesterday*?
その人を知ってるか？　　　　　→ 誰かっていうと昨日来た人
I remember the day *when I first met you.*
その日を覚えてるよ　　　　　→いつかっていうと君と初めて会った日

### ◆名詞＋SV…のリズム

　「目的格関係代名詞は省略できる」といわれるけれども、実際にはこの関係詞はあるほうがめずらしい。だから、最初からそれのない形に慣れておこう。例えば、the man *you saw*(君が会った人)や the book *I read*(私が読んだ本)では、whomやwhichはないほうがふつうだ。

　カンタンに理解するには、You saw the man.とI read the book.の目的語(ふるまいの相手)がそれぞれ前に出たと考えればいい。そうすれば、the man *you talked to* (君が話しかけた人)とか、the book *I've been looking for* (私がずっと探している本)などの前置詞が残る形にもすぐ対応できる。

　また、*All we have to do* is (to) wait.(ただ待ってればいい)や This is *all I have*.(手持ちはこれだけです)など、all SVで「ただ……だけ」となる慣用表現もぜひ使えるようにしたい。

# EXERCISES

状況設定に合うよう、[　　　]内の語句を並べ替えてみよう。

(1) **あの人はなかなかデキル**
That [dark / suit / in / a / guy] is [ability / a / of / man].

(2) **それで家計の足しにしてるらしい**
The [working / the / café / lady / at] is Ken's wife.

(3) **やはり介護が必要です**
My grandmother needs [take / her / to / of / someone / care].

(4) **時代はペーパーレスに向かっている**
We have to cut down on the amount of [our / paper / in / consumed / office].
*cut down on…：……を減らす，consume…：……を消費する

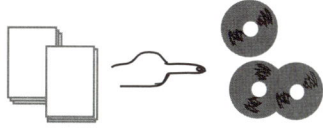

(5) **彼は危篤状態だ、祈るしかない**
[we / is / can / all / pray / do ] for his recovery.

解答・解説は p.238

# 6 ▶▶▶ 名詞化されたコトを表すチャンク

ここでは、動詞や文などが、どのようにして名詞チャンク化していくかをみていきましょう。

「彼が転職を考えているって知ってる？」
　仕事を変えるコト　　…というコト

イラストとセリフに合うように、カッコに1語ずつ補ってみよう。
**Do you know (　) he's been considering (　) jobs?**

解答は*p.236*

　これまで、前後から修飾できる「サンドイッチ型」の名詞チャンクをみてきた。名詞チャンクには、これに加えて、修飾語なしで名詞化されたコトを表す形もある。以下の3つのタイプがそれだ。

①動詞の名詞化　──　……するコト　**doing(to do)**
*e.g.* [See*ing*] is [believ*ing*].
　　　(見ることは信じることだ[百聞は一見にしかず])
②文の名詞化　──　……というコト　**that S V**

*e.g.* They say [*that* he comes from a rich family].
(彼は金持ちの家の出だといわれている)

③疑問の名詞化──わからないコト **WH- S V ／WH- to do**
*e.g.* Tell me [*why* you said so].／Tell me [*how* to do it].
(なぜそういったのか教えて)　　　　　　(どうやってそれをやるのか教えて)

## ◆名詞になりきるdoingと動詞のなごりが強いto do

　動詞の名詞化はふつうdoing で表す。**to do は名詞的用法でも＜行為にむかう＞という意味あいが残る**。だから、*To see* is *to believe.* だと「見てごらん、すると信じるから」という感じになる。この手の慣用的な表現を除くと、主語に to do を使う場合は、*It's* nice *to see* you again. (あなたにまた会えてうれしい)のようにまず it を立てるのがふつうだ。

　目的語(ふるまいの相手)として、to do と doing を使い分ける場合もみておこう。ここでの判断の基準は、**to do は＜行為にむかう＞がコア(中核となる意味)だから動詞的な性質が強く、doing は完全に名詞化された概念を表す**ということだ。

　たとえば to do のみを目的語にとる動詞は、I decided *to support* the plan. (そのプランを支持しようと決めた)のように、「よしやるぞ！」という感じの未来指向のものが多い[類例：promise(約束する)、manage(なんとかやり遂げる)]。refuse(断る)は例外に思えるが、行為に面とむかってキッパリ断るから、＜行為にむかう＞の to do を使うのだ。

　次に、doing だけを目的語にとる動詞だが、まず、doing の正体をチェックしよう。doing には動名詞と分詞があるけれども、意味的にはつながっている。＜現にしている＞という観察が可能な進行している動作(これが分詞の意味)が、イメージとして名詞化することによって、＜している(する)コト＞という動名詞の用法が得られる。

## doing

| 分詞 | 動名詞 |
|---|---|
| He is **swimming** in the river. ～ | He loves **swimming**. |
| the boy **swimming** in the river | |
| 観察が可能な進行している動作 | イメージとして記憶(コト)化 |
| 彼が泳いでいる | 泳いでいるイメージをとらえる |

この点をふまえるとto doではなくdoingを目的語にとる動詞は、次の3タイプあることがわかる。

**A. 現にしている行為が前提になるSTOPタイプ**
　例：stop (やめる)、finish (終える)、enjoy (楽しむ)など
**B. 行為に向かわずに、かわすAVOIDタイプ**
　例：avoid (避ける)、mind (嫌がる)、put off (延期する)など
**C. 完全に名詞化されたアイデアを扱うCONSIDERタイプ**
　例：consider(検討する)、suggest (提案する)、imagine (想像する)など

　また、to doもdoingも目的語にとる動詞にremember、forgetなどがある。Don't *forget to call* me. (忘れずに電話して)、I'll never *forget* shak*ing* hands with the film star. (あの映画スターと握手したことは決して忘れない)のようにto do は未来指向で、doing は記憶化したイメージを表す。

◆thatを用いた文の名詞化

　文を名詞化するときは、文の前にthatを置く。するとDid you

know [(*that*) he's been considering changing jobs]？などが可能になる(that節が動詞の目的語のときは、that を省くことも多い)。

また、to do同様、that節を主語にするときには、ふつうitを先頭に立てて、It didn't occur to me [*that* they might invite me]. (彼らが私を招待するなんて思いもしなかった)のように使う。The news [*that* he got promoted] made me happy. (彼が昇進したという知らせはうれしかった)のように、前の名詞の内容を具体的に説明する同格の用法もある。

### ◆わからないコト＝WH-SV(疑問詞……かというコト)

最後に、WH-の表現についてみておこう。ここには、関係詞とされるwhatとhowも含まれる。これらは、以下のようにとらえれば、「疑問」を「説明(開始)」のシグナルにしていることがわかる。

・[*What* I need] is a vacation.＊　何が私に必要かというと、休暇だ。
・Tell me [*how* you did it].　教えて、どうやってそれをやったのか。

また、「……かどうか」を意味するwhetherも疑問のWH-の中に含まれる。どちらかわからないことを示すからだ。whetherの代用のifも同様だ。ifはふつう条件を表すが、条件も「満たされるかどうか」という二者択一の問題なので、「……かどうか」を示すwhetherの代わりとして使われる。ただし、このifの用法は動詞の目的語(ふるまいの相手)でしか使えない。

・I wonder [*whether* she will agree or not].
　　わからないなあ、彼女が同意するかどうかは。　(ifで代用可)
・It doesn't matter [*whether* you join us or not].
　　重要じゃないな、君が私たちの仲間に入るかどうかは。
　　(ifは不可。whether節がこの文の主語)

●脚注：Do [what you want]. (やれ、何かっていうと自分がやりたいことを)のwhatを強調したのが、Do [whatever you want]. (やれ、何でもやりたいことを)だと考えられる。We welcome [whoever wants to join us]. (私たちは歓迎します、誰でも参加したい人を)も、同じように疑問の強調と考えるとわかりやすい。

## EXERCISES

A. 状況設定に合うように、（　）の中の語句を to do か doing の形にしてみよう。

(1) ネコの手でも借りたいくらいだ
   Would you mind (give) me a hand?

(2) 今度こそはやめてみせるぞ
   I've finally decided (give up) (smoke).

B. つぶやきをヒントにして、（　）の中に与えられた文字に合う語を入れてみよう。

(1) (A　　　) using your cell phone while driving.
   アブナイ！

(2) He (d　　ed) stealing the money.
   ヤッテナイ！

(3) I can't (i　　　) going out with you.
   アリエナイ！

C. [　]の中の語を正しい順番にしていってみよう。（　）はヒント。

(1) 他人のするコト（それって何？と問える）は簡単にみえる。
   [what / looks / do / people / other] easy.

(2) 今日できるコト（それって何？と問える）を明日に延ばすな。
   Don't put off till tomorrow [do / can / today / what / you].

基礎編 / 名詞チャンク

(3) 自分が正しいと思うコト(それって何?と問える)をやれ。
**Do [what / is / think / you / right].**

(4) 重要なコト(それって何?と問える)は決してあきらめないコト(文の名詞化)だ。
**[that / is / important / what / is ] you never give up.**

D. 「疑問詞……か」→ [WH- S V…] の対応関係を意識して、英語を最後までつないでみよう。

(1) 彼女がどこに住んでいるか/知ってる?
**Do you know / wh**

(2) なぜ遅れた(were late)のか/いいなさい。
**Tell me / wh**

(3) 明日何が起こる(will happen)か/誰にもわからない。
**Nobody knows / wh**

(4) あなたが何のことをいっている(are talking about)のか/さっぱりわからない。
**I have no idea / wh**

(5) 僕がどれほど真剣(serious)か/君はわかってない。
**You don't understand / how**

(6) 彼女が僕の申し出(my offer)を受け入れる(accept)かどうか/自信がない。
**I'm not sure / wh**

解答・解説はp.238

43

# 7 ▸▸▸ 何を主語に立てる?

英語の骨格をつくるには、まず主語を立てることが必要です。主語は「人・モノ・コト」の３つのレベルで使い分けましょう。

「インフルエンザにやられてたんだって？」を→［you, I, it］から主語を選んで、以下の３つのパターンで表現してみよう。

(1) (　) have been down with the flu, haven't you ?

(2) (　) hear that (　) have been down with the flu.

(3) Is (　) true that (　) have been down with the flu?

解答は*p.*236

　英語の骨格をつくるには、まず主語を立てることが必要だ。そこで、名詞チャンクのしめくくりとして、主語の立て方をまとめておこう。英語の主語は、意味的にいえば、次のように分類することができる。

## ◆英語の主語──人・モノ・コトの3つのレベル

A. 人 (**I, You,** *etc*.)
B. モノ (**This, That, It,** *etc*.)
C. コト
- ……するコト(動詞の名詞化) **doing(to do)**
- ……というコト(文の名詞化) **that SV**
- わからないコト(疑問の名詞化) **WH- SV(WH- to do)**

コトを表す名詞チャンクについては前項でふれたので、ここでは、代名詞の使い方、主語と動詞の日英比較についてみてみよう。

## ◆代名詞のいろいろ

まず、人称代名詞についてみてみよう。ふるまいの主役としての＜私＞がI。Iが鏡を見ると、そこに映るのはふるまいの相手としての＜自分＞、すなわち(Iの目的格の)me になる。Iが直接関わる相手はyou。youはふるまいの主役でも、ふるまいの相手でも、Iから見れば同じ対象だからyouはyouのまま。そこで、Do *you* know me? I think I've met *you* somewhere before. (私のことを知ってますか？以前お会いした気がしますが)という使い方ができる。また、*You* should respect the elderly. (お年寄りは敬うべきだ)のように、youといいつつ、目の前にいない人一般に語りかけることもある。

Iが仲間を巻き込むと＜私たち＞weになる。けれども、weは仲間とそれ以外の人々をわけへだてることもある。たとえば、Sorry, but *we* don't accept traveler's checks. (ワルイけど、ウチはトラベラーズチェックは受け取らないよ)のように。

Iがある男性を見るとhe、女性を見ればsheとなる。heとかsheを複数まとめるとtheyになる(モノを複数束ねることもある)。

そのほか、*One* should keep *one's* word. (自分の約束は守るべきだ)のone (自分)は漠然と人を指し、*those* involved in the accident (事故にまきこまれた人々)のthose… (……の人々)は特定状況にいる人たちを

指す。また、対比的に使うものに、単数のone (一方)と、the other (もう一方)、another (<3者以上を前提にした>もうひとつ[ひとり])、複数のsome (一部の人びと) the others (残りみんな)、others (他の人々)がある。たとえば、ふたりの兄弟がいて、*One* is in Chiba, and *the other* is in Fukuoka. (ひとりは千葉に、もうひとりは福岡にいる)といったり、集団を対比させて、*Some* like to travel abroad while *others* prefer a domestic destination. (海外旅行を好む人もいれば、国内の目的地をより好む人もいる)といったりできる。

## ◆とりあえず主語にしやすい it

① ほかにいいようがない‥‥‥天候・時間・距離・明暗などを表すit

itは、漠然としていながらも、確かにそこにあるような感じがするもの——天候・時間・距離・明暗など——を指すことがある。これは、itとしかいいようがないitだ。

e.g. ・*It's* a lovely day, isn't *it*? (素晴らしい陽気ですね)
　　・*It's* been a long time. (久しぶりだね)

②コメント先取り‥‥‥形式主語のitと強調構文のit

また、itを主語に立てて、コメントを先取りしておいてから、後からto doやthat節(またはwh-節)でコトを展開するパターンはとても多い。*It's* not easy / *to get* along with him. (簡単じゃないよ、彼と仲良くやっていくの [コト] は)、*It* is remarkable / *that* the child survived the blazing flames of the fire. (注目すべきだね、その子が火事の燃えさかる炎の中を生き延びたの [コト] は)などがそれにあたる(It＋is＋形容詞＋to doの構文についてはp.134〜136を参照)。

また、*It was* at a party *that* I first met you. (あるパーティーでのことだよ、僕が初めて君に会ったのは)のような、いわゆる強調構文も、まずitを主語にたててから言いたいことをコメントするという点は同じだ(*p.*126参照)。

以上の点をふまえた上で、英語で主語を立てるときの心構えをま

とめておこう。

### ◆英語の主語を立てるには

★ いつも、主役とふるまいの関係を意識して、主役を名詞で主語にしようと心掛ける。曖昧なときには、「誰が何をするのか」「何がどうであるのか」と考えてみる。

★ 主役に立てる名詞チャンクは、〈人～モノ～コト〉の順序で考えてみる。人ならまず、I、youで、モノならまず、it、this、thatでいえないかチェックする。it は天候・時間・距離などを表すこともできる。

★ 人でもモノでもなければ、コトを主語にたてる。コト主語では、コメント先取りのItを使うことが多い(形式主語)。doingやwh-節(主にwhat節)も主語にできる。

★ 行為をする側ではなく、行為を受ける側を主役に立てることもできる(受身)。

★ The problem is… (問題なのは……だ)や All I can do is… (私にできるのは……だけだ)のように、主語を含めて慣用化しているものは、サッと口をついて出てくるようにしたい。

★ 因果関係の原因を名詞でつかみとって、主語に立ててみる(無生物主語)。　*e.g. The news* surprised me.

　　　THE　NEWS　⇒　SURPRISED　⇒　ME
　　　CAUSE(因)　　　　　　　　　　　(果)EFFECT

★ モノをふるまいの主体者に見たてて、主語にする(無生物主語)。

**The bus will take you to the outlet.**

**The shop's signboard says, "Buy or die."**
「買え！　さもないと……」

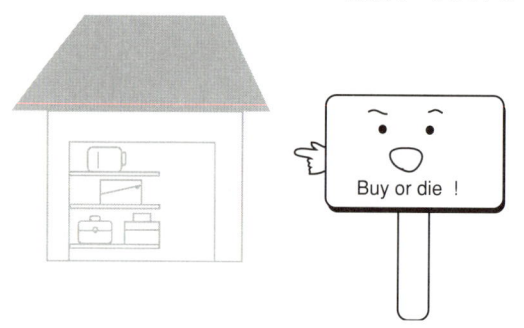

**覚えておきたい慣用表現**
- **The trouble[difficulty] is (that) SV...**
  （困ったことに、SV…）
- **The fact[truth] is (that) SV...**
  （本当のこというと、SV…）
- **The important thing is (that) SV...**
  （重要なのは、SV…）　※単にThe thing is...ともできる。
- **All you have to do is (to) do**
  （君はただ……さえすればいい）

名詞チャンク

## EXERCISES

状況にふさわしい英語になるように、主語の立て方に気をつけながら、（　）に１語ずつ入れてみよう。

(1) 私たち、知り合ってもう5年。［ふた通りで］
- (　　　) have known (　　　)(　　　) for five years.
- (　　　) has been five years since (　　　) first met each other.

(2) クルマ買ったって本当？［ふた通りで］
- (　　　) bought a car, didn't (　　　)?
- Is (　　　) true (　　　)(　　　) bought a car?

(3) パソコン修理に3万円もかかった。
(　　　) cost me thirty thousand yen (　　　) have my personal computer repaired.

(4) 本当はね、ケンカして口も聞かないのよ。
(　　　)(　　　) is that (　　　)(　　　) not on good terms with my husband.

(5) その結果にはワクワクした。［ふた通りで］
- (　　　)(　　　) excited (　　　).
- (　　　)(　　　) excited by (　　　)(　　　).

(6) この機械があればずいぶん助かるわ。
(　　　)(　　　) will save (　　　) a lot of time and energy.

(7) 赤ちゃんの微笑みを見れば彼女は幸せです。
Just (　　　)(　　　) the baby's smile (　　　) her happy.

(8) 学んだことを生かしているんですね
(　　　)was because he studied about ecology (　　　) he became a Greenpeace activist.

解答・解説はp.238

## COLUMN

## 主語（主役）と動詞（ふるまい）の日英比較

　主語と動詞のつながりについて、日英で比較してみよう。コトバの表面に出てこない発想の違いがわかると、英語も使いやすくなるはずだ。

### 日英の基本的な相違
〔日〕「テニヲハ」で名詞情報を位置付けながら最後の動詞へとわたす。
〔英〕＜副詞＞S＜副詞＞V＋α＜副詞＞を基本として、語順にこだわる。

### 日英：主語と動詞の違い
① **主語について**
(1) 日本語では動詞の前ならどこにでも主語を置けるが、英語では骨格の先頭にくる。

*e.g.* ★僕に★チョコを★くれた　←「彼女は」の主語は★のどこでも可。

　　　**She gave me a chocolate.**

(2) 日本語では代名詞など自明の主語はないことが多いが、英語では基本的に主語を立てる。

*e.g.* コーヒー飲みますか？

　　　**Would you like to have some coffee?**

(3) 日本語の「は」や「が」の前の名詞は主語(ふるまいの主役)とは限らない。

*e.g.* 今日は気分がいい

　　　×**Today is fine.**

○ **I feel fine today.**

② **動詞について**
(1)日本語では最後にくるが、英語では骨格の2番目にくる。
*e.g.* 昨日、駅で高志君に会った
　　　**I met Takashi at the station yesterday.**

(2)日本語の表面に出てこない動詞を、英語で立てることができる。
*e.g.* 天気が悪くて外出できなかった
　　　**The bad weather prevented us from going out.**
　　　＜悪天候が妨げた＞〔無生物主語〕

# 1 動詞チャンク
### ▶▶▶ コト(出来事)を語る動詞の図式

名詞がモノを表す役者なら、動詞は役者を割り振って、コト(出来事)を語ります。そのような動詞のはたらきをみていきましょう。

( )内に動詞を、下線部にその動詞の必要情報を入れてみよう。
I would ( ) ＿＿＿＿＿＿＿＿＿＿＿＿＿＿
if you could ( ) ＿＿＿＿＿＿＿＿＿＿＿＿＿．
[appreciate / me / number / give / your / it / cell phone].

解答はp.236

　名詞がモノを表すとすると、動詞はモノを役者として割り振ってコトを語る。例えば、「あげる」という動詞だけでは状況がよくわからない。でも、そこに「君に」「プレゼントを」など(名詞情報)をたすとピンとくる。動詞はみな、こういうコト(出来事)の図式をもっている。

　英語でも、I'll give.ではふつうは通じないけれども、I'll give you a present.(君にプレゼントをあげよう)なら、何をくれるの？ と思うかもしれない。動詞の図式が決まると出来事がつかめるからだ。

　一方、英語と日本語で大きな違いもある。日本語は「テニヲハ」の

おかげで、動詞の前の語順はかなり自由に変えられる。けれども、英語には「テニヲハ」はないので、語順を変えると動詞の図式がこわれてしまう。つまり英語では、動詞の図式は、動詞とその後に続く名詞チャンクの並べ方によって支えられているのだ。

◆**英語の基本構造＝S＋V＋α**

ここで、英語の基本的なしくみをクリアにしておこう。

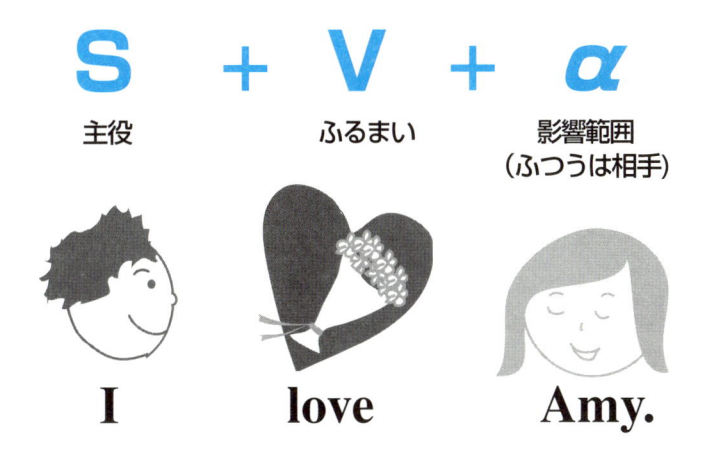

**S ＋ V ＋ α**

主役　　　　ふるまい　　　影響範囲
　　　　　　　　　　　　（ふつうは相手）

I　　　　love　　　Amy.

S[名詞]は出来事の主役のことで、V[動詞]は主役のふるまい(どんな出来事を引き起こすか)を表す。このふるまいは、ダイナミックな動作でも、動きを伴わない状態でもいい。また、身体の動きだけでなく、心理の働きも含まれる。すると、She *resembles her mother.*(彼女は母親に似ている)のような外から見た状態も、I *love her.*(僕は彼女を愛している)のような気持ちの問題も、主役のふるまいから起こるコトとして理解できる。

これらの例からもわかるように、Vのすぐ後のαには、ふつうふるまいの相手［名詞］がくる。△She resembles.や△I love.では、コトが成立するための情報が足りなくなってしまう。つまり、αは動詞が求める必要不可欠な情報なのだ。

ただ、ここで大切なのは、αにどんな情報がくるかはVの意味によって決まるということだ。I would *appreciate it* if you could *give me your cell phone number*.では、前半のappreciateにはひとつ、後半のgiveにはふたつの名詞チャンクが続いている。また、The dish *broke*.(皿が割れた)のように、αに何もこないVの用法もある。これは、動詞の意味(＝コトの図式)から考えて、後ろに何もなくても意味が通じる場合だ。

### ◆同じ動詞(ふるまい)の異なる図式(影響範囲)

　同じ動詞であっても、ふるまいの相手や影響範囲が違うと、それがαの形に反映される。これを、makeとcallでみてみよう。

① (a) I'll make dinner.(私が晩御飯を作りましょう)
　 (b) I'll make you dinner.(私があなたに晩御飯を作りましょう)
　 (c) I'll make you happy.(君を幸せにしよう)

② (a) Call the police.(警察を呼べ)
　 (b) Call me a taxi.(私にタクシーを呼んでくれ)
　 (c) Call me John.(私をジョンと呼んでくれ)

①②とも(b)と(c)はαの中身がちょっと複雑だ。けれども、HAVEとBEを補って、次のように分析できる。I'll make you dinner.は、youとdinnerのふたつの名詞チャンクを、あいだに何もはさまずに連続させて、[you HAVE dinner]という状況をmake(作り出す)ということを表している。

一方、I'll make you happy.は[you BE happy]という状況を作り出そうという意味だ。この場合は、makeのすぐ後に、名詞チャンク1コとその名詞の状態を表す形容詞が続いている。

callの(b)と(c)も同様だ。Call me a taxi.は [me HAVE a taxi]となるようにCallしてくれといっている。HAVEを狭く「所有」とするより、X HAVE Yで「Xが自分の所有・経験空間内にYを有する」ととらえればいい。ここでは、タクシーに乗るということ。Call me John.は[me BE John]だから、そう呼んでくれというわけだ。

### ◆動詞の図式の主なパターン

動詞の必要情報に前置詞が出てくる場合もある。*look at* this、*listen to* him、*wait for* youなどはよく目にするやさしい例。もうちょっと長めのものに、*inform* the police *of* the accident(警察にその事件を知らせる)、*steal* the car *from* him(彼からそのクルマを盗む)などがある。

これらの前置詞が必要なものも含めて、動詞の図式(V+α)のパターンを整理すると、次の5つにまとめることができる。これは、前置詞をカバーしていて、動詞の図式として準動詞などにも応用できる点で、いわゆる「5文型」よりも使い勝手がいい。「文型」というと1文にひとつの型があるという印象を与えるけれども、そういうものはなくて、実際には動詞の図式にこそパターンがある。

例えば、She *criticized* me for *ignoring* her.(彼女は私が無視したということで責めた)では、criticized 以下は、「V+A+前置詞+B」とみなし、ignoring herは「V+A(名詞)」ととらえることができる。

### 動詞の図式「V＋α」の5パターン

①V＋φ(必要情報なし)
He's *jogging*. / The dish *broke*.

②V＋前置詞＋A
She *talked to me*. / He *asked for more money*.

③V＋A(名詞・形容詞・副詞)
I *love her*. / I'm *fine*. / I'm *home*.

④V＋A＋前置詞＋B
We *informed the police of the accident*.
She *criticized me for ignoring her*.

⑤V＋A＋B(名詞・形容詞)
I *sent him a letter*.
I'll *make you happy*.

※V＋A＋to do / V＋A＋do / V＋A＋doing / V＋A＋doneはV＋A＋Bに一括するより、それぞれ個別にとらえるほうが実践的。(*p*.60～63参照)
※同様に、V＋doing / V＋to doもV＋Aとは別のものとして把握するといい。(*p*.39～42参照)

# 動詞チャンク

## EXERCISES

A．状況に合うように、頭文字に合わせてカッコを埋めてみよう。

(1) こんな雑誌がオモシロイなんてねえ
Tastes (d        ).

(2) 上司が早退を許すかなあ
Well, that (d        ).

(3) フォーマルな服装で行くべきかなあ
It doesn't (m        ) whether you go formal or casual.

B．ア、イそれぞれの相手に対して(1)～(6)の表現を作ってみよう。

ア．面識の深くない相手に：
Would[Could] you please (        ) me (        )?

イ．友達相手に：(        ) me (        ).

(1) 電話して
(2) メールを送って(an e-mail)
(3) 少しお金を貸して
(4) 少し時間を割いて (a few minutes)
(5) 銀行までの道を教えて(the way to the bank)
(6) フランス語を教えて

C．イタリック体の部分に隠れているBEを意識して、語群から単語を選んで活用させてみよう。

(1) I (        ) *his idea quite interesting*.
(2) Please (        ) *it a secret*.
(3) (        ) *me alone*. You're annoying me.
(4) She always (        ) *me crazy*.

[語群：keep/drive/leave/find]

D．V群から動詞を、P群から前置詞を選んで意味の通る英語にしてみよう。

(1) Hiroshi(        ) me (        ) his father.
(2) He was highly (        ) (        ) his works.
(3) The rescue workers (        ) the earthquake victims
    (        ) temporary shelter.
(4) The police officer (        ) us (        ) crossing the bridge
    due to flood warnings.

[V: provided/praised/reminds/stopped][P: of/from/with/for]

解答・解説は p.238

## COLUMN

### 他動詞と自動詞

　動詞は必ず、他動詞か自動詞で使われる。ふるまいの相手があれば他動詞、なければ自動詞になる。

　　☆動詞のすぐ後ろにふるまいの相手(名詞チャンク)がくる
　　　➡ **他動詞**(他者に影響を与える動詞)

　　☆動詞のすぐ後ろにふるまいの相手(名詞チャンク)がこない
　　　➡ **自動詞**(自分だけで成立する動詞)

※「V＋前置詞＋名詞」のように前置詞をはさむのは自動詞の用法。

※be動詞(とその仲間)の直後には、名詞がくることもあるが、その場合には、主役自身のことを示しているので、be動詞(とその仲間)は自動詞になる。
　*e.g.* I am an office worker.(私は会社員だ)

※たいていの動詞は自動詞と他動詞の両方の用法をもっている。そういう動詞については、実際に出てきたときの形から、どちらで使われているか判断すればよい。
　*e.g.* speak English(英語＜というコトバ＞を話す) / speak in English(英語＜という言語空間内＞で話す)

※自動詞か他動詞のどちらか一方でしか使わない動詞も、少数ある。これらは、最初からその用法をおさえておくとよい。
　*e.g.* The sun rises(×raises)in the east.(太陽は東から上る) / Raise(×Rise)your hand if you have a question.(質問があれば手を上げなさい)

動詞チャンク　基礎編

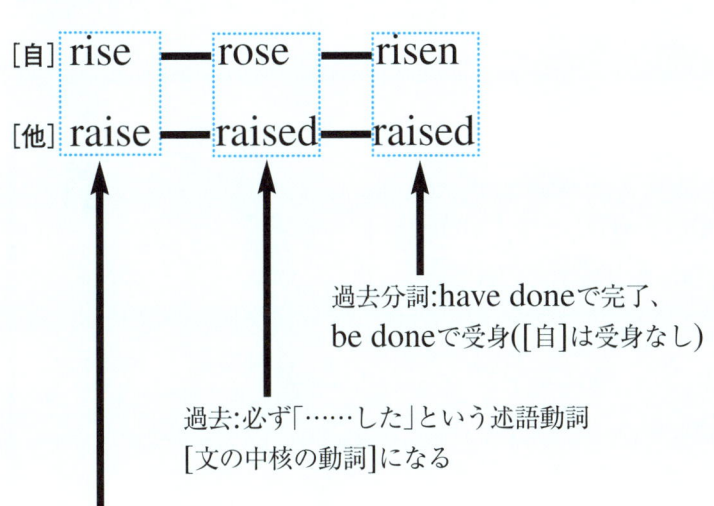

**基本の確認：**

[自] rise ── rose ── risen
[他] raise ── raised ── raised

過去分詞:have doneで完了、be doneで受身([自]は受身なし)

過去:必ず「……した」という述語動詞[文の中核の動詞]になる

現在:三人称単数では〜sとつづる

ふむふむ....

59

# 2 ▶▶▶ 人(モノ)の行為に働きかける動詞

動詞の中には、他者の行為をto do、do、doing、doneの4つのパターンで表すものがあります。それぞれの用法の違いをみていきましょう。

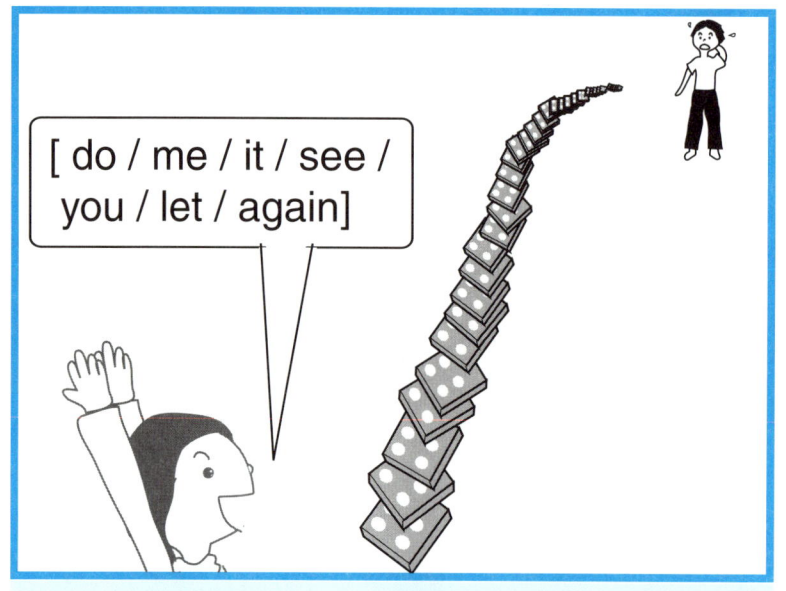

[ do / me / it / see / you / let / again ]

イラストの状況にあうように、フキダシの中の単語を並びかえてみよう。

解答はp.236

　動詞のなかには、自分以外の人(モノ)に行為を促がしたり、人(モノ)の行為に気づいたりするものがある。その用法では、to do、do、doing、doneの4つの形が出てくるけれども、それぞれ語形に応じた意味がある。その違いについてみてみよう。

### ◆相手を行為にむかわせる＜V＋A＋to do＞パターン

　to doのコア(核)は＜行為にむかう＞で、たいていの場合、「これからする(まだしていない)」という未来指向の表現になる。そこで、I *want* you *to* come with me.(君に一緒に来てほしい)、I *asked* him *to* help me.(彼に手伝ってと頼んだ)、I'll *get* my brother *to* meet you at the airport.(弟に空港に迎えに行かせましょう)などのV＋A＋to do の表現は、＜Aが行為にむかうようにVする＞という感じになる。to doは、行為の達成そのものよりも、そこへ「むかう」ことに焦点をあてる。

```
働きかけ➡    ［ふつう人    むかう
                          ➡    (行為)］
         V  ＋  A  ＋   to  do
```

### ◆ 相手が行為をするのを前提とする＜V＋A＋do＞パターン

ところが、to doからtoをとってdo(原形)だけになると、＜行為にむかう＞から＜むかう＞がとれて「行為」だけがドカッとあることになる。そこで、この形は確実な＜行為そのもの＞を表すと考えられる。だから、V＋A＋doのパターンでは、Aが行為(にむかうだけでなくそれ)をすることを前提とする動詞が使われる。いわゆる使役(させる)動詞(make、have、letなど)とか知覚(気づき)動詞(see、hear、feelなど)だ。人に何かをさせるにも、人が何かするのに気づくのにも、相手がそれをちゃんとやってくれないと困るのだ。

```
させる・気づく➡  ［ ふつう人が    行為を遂行する］
         V  ＋  A  ＋   do
```

このパターンをひとつの文の中で時間差攻撃で2度使った例が、*Let* me *see* you *do* it again. (もう一度やって見せて)だ。ここには、*let me see* (私に見せて)の使役と、*see* you *do* it (あなたがそれをするのを見る)の知覚の用法がリレーで顔を出している。

### ◆「させる」のバリエーション

V＋A＋doのVにmake、have、letを使うと、どれも「……させる」という日本語になるけれども、そのニュアンスは以下のようにちょっと違う。

- **make A do** (←Aが……する状況をMAKE)　[強制的な感じがする]
- **have A do** (←Aが……する状況をHAVE)　[結果を確保する感じ]
- **let A do** (←Aが……する状況をLET)　[許可／相手の意思を尊重する]

※helpはV＋A＋doでもV＋A＋to doでも使えるけれども、Would you please *help* me *carry* the desk？(机を運ぶのを手伝ってくれませんか)のように、to doよりもdoを使ったほうが(meの)行為遂行が確実になる感じがする。

### ◆V＋A＋doing と V＋A＋done

V＋A＋doingとV＋A＋doneのパターンは、それぞれBEを補って考えてみると、進行＜……している＞と受身＜……される＞につながっていることがわかる(まれに完了のhave doneからくるdoneもある)。

*e.g.* He felt [something *crawling* on his head].
(彼は頭に何かが這っているのを感じた)
Don't leave [the water *running*].
(水を出しっぱなしにするな)

*e.g.* She didn't hear [her name *called*].
(彼女は自分の名前が呼ばれるのが聞こえなかった)
I had [my hair *cut*] by my girlfriend.
(彼女に髪を切ってもらった)＊

＊状況によっては「髪を切られた」となることもある！

## EXERCISES

状況設定に合うように、空所(A)(B)にふさわしい表現をそれぞれの語群から選んでみよう。

(1) ＜そういえば、彼女はずっと行きたがっていたね＞
Finally her parents ( A ) her ( B ) to Europe alone.

(2) ＜せっかくだから、ゆっくりしていきなさいな＞
We ( A ) you ( B ) overnight with us.

(3) ＜疲れてたから、できればカンベンして欲しかった＞
My boss ( A ) me ( B ) overtime again yesterday.

(4) ＜ちょー、ムカついて、ケリ入れてやったわ＞
I ( A ) someone ( B ) me on the train.

(5) ＜状況が変りましたらその都度お知らせください＞
Please ( A ) me ( B ).

(6) ＜油断していたスキにやられた＞
He ( A ) his pocket ( B ) in the crowd.

(7) ＜デッドラインは守ってくれたまえ＞
( A ) the job ( B ) by tomorrow.

A [felt, would like, keep, had, get, made, let]
B [touch, to stay, picked, work, finished, travel, informed]

# 3 ▶▶▶ 動詞チャンク（時制）のしくみ

英語の時間表現を、「現在」「過去」の＜時制＞と「単純形」「進行形」「完了形」の＜相＞からみていきましょう。

イラストの状況にあうように、カッコ内の動詞の時制を調整してみよう。

He (be) late last time.
So I (be) not sure if he (make) it today.

解答はp.236

### ◆ヨコのコト図式とタテの時間軸

　これまで、英語でコトを語るには、動詞の図式（V＋α）が必要だということをみてきた。これは、動詞のふるまいとその影響範囲の問題だから、ヨコの広がりとしてイメージできる。しかし、出来事をリアルに語るには、タテの時間設定も欠かせない。

　時間というものは過去・現在・未来を流れるように感じられる。が、どの時点に焦点をあてるにしても、実は必ず「今・ここ」の自分がそうしている。過去にむかって回想したり、未来にむかって想定したりするのも、現在の観察・判断にもとづいている。

He *was* late last time. So I'*m* not sure if he *will make* it today.(アイツこの前遅れてきたからなあ、わかんないなあ、今日も間に合うか)を時間軸でイメージすると以下のようになる。やはり、「今・ここ」の自分が過去を回想し、未来を想定して、判断を下している。

| 過去 | 現在 | 未来 |
|---|---|---|
| 回想 | ← 観察 → 判断 | 想定 |

　このような時間の感覚を表すシステムが時制と呼ばれるものだ。英語の時制は、動詞(または助動詞)の活用形で示されるので、過去のことは過去時制で、現在と未来のことは現在時制で表される。
　学校文法では、英語の時制に「現在」「過去」「未来」があると教わる。しかし実際には、英語には未来時制はないことは、動詞の活用に未来形がないことからも明らかだ。もちろん、willを使って未来を想定することはできるけれども、will自体が現在形なのだから(過去形はwould)、その場合も時制としては現在に属すことになる。
　この時制と切っても切れないものが「相」だ。「相」とは手相の相と同じで、「姿かたち」のこと。つまり、動詞が示すふるまいをどういう姿かたちでとらえているかを示すものだ。具体的には、変化の感じられない(静止画的)全体像でとらえると単純形(do/does)、変化している(動画的)状況をクローズアップすると進行形(be＋doing)、すでになされてしまっている部分に注目すれば完了形(have＋done)になる。

1. The cook cuts the large piece of meat.
2. The cook is cutting the large piece of meat.
3. The cook has cut the large piece of meat.

今度は、ふるまいを受ける側に注目すると、時制に受身が組み込まれる。

4. **The large piece of meat is cut by the cook.**

　2＋3で、has been cutting（[調理師が]今までずっと切り続けてきている）＜完了進行＞、3＋4で、has been cut（[肉が]もう切られてしまっている）＜完了受身＞、2＋4で、is being cut（[肉が]今切られている最中）＜進行受身＞などの複合パターンを作ることができる。

　これらの複合パターンも1〜4の基本パターンも、それぞれ動詞チャンクの先頭の1語 (cuts, is, has)を過去形 (cut, was, had)にすれば過去の回想に、will＋原形 (cut, be, have) にすれば未来への想定に応用できる。

　また、このwillの用法から推測できるように、助動詞は一般に、動詞が示すふるまいの実現への可能性を問題にする。そして、ふるまいの一歩手前にあることを示すように、助動詞は動詞の直前に置かれる。

A. **She knows you.** ➡ 事実の問題
B. **She may know you.** ➡ 可能性の問題

　以上のことを、動詞チャンクのしくみとしてまとめるとこうなる。

---

**動詞チャンクのしくみ**
時制｛＋助動詞＋完了＋進行＋態｝＋核となる動詞

※ 助動詞・完了・進行・態は、必要に応じて上記の順番で組み合わせて使う。その際、時制(現在か過去か)は最初の1語で示される。最もシンプルな動詞チャンクは「時制＋核となる動詞」の組み合わせでできる現在形と過去形。

## EXERCISES

次のストーリーの時間の流れに合うよう、カッコの中の動詞を選んでみよう。

When Linda [goes / is going / went] to the marine life center in Florida, Larry, the marine biologist, explained to her, "Sea turtles used to come ashore in this area. However, because of the projects of land development, their habitat [endangers / was endangering / has been endangered]."

Larry [has done / had done / will do ] research on the nesting patterns of the sea turtles, and he had alerted all the resort hotels on the beach to turn off their neon signs during the nesting season. The light from the signs [ is confused / will be confusing / confuses ] their sense of direction.

Two months later, Linda is walking with her neighbors on the beach early one morning. She finds that hundreds of baby sea turtles [emerge / are emerging / will emerge] from their nest. "Look," she says in excitement, "Look at them. They [have made / are made / are making] their way into the sea. They now begin their journey of life. I wonder how many [will survive / survived / have survived] to reach adulthood. Let's hope that we [see / will see / had seen] them as they return to the beach to nest as their mothers [did / are done / will do]."

解答・解説は p.239

# 4 ▶▶▶ 変化が見えない単純形vs 変化が見える進行形

変化が観察できるかどうかで動詞の用法は変わってきます。その違いを静止画と動画のイメージでつかみましょう。

上のイラストが新聞の写真だとすると、そのキャプション(説明文)としてより自然なほうを選んでみよう。

**Chiyotaikai (pushes / is pushing) Asashoryu out.**

解答は*p.236*

現在時制の「現在」は、はたして、今この瞬間のことだろうか。次の例で考えてみよう。

1. He *jogs* for 30 minutes every morning.
   (彼は毎朝30分ジョギングをする)

2. Water *boils* at 100 ℃.
   (水は摂氏100度で沸騰する)

3. She *belongs* to the tennis club.
   (彼女はテニスクラブに所属している)

1は別に夜に言ってもかまわないし、2は目の前で湯が沸いていなくてもいい。3も今一瞬に限られることではない。これらの例からわかるように、現在時制の現在は、過去や未来から切り離された今というより、過去も未来も抱えこむような今を表すのがふつうだ。一般に、習慣・真理・状態といわれる1～3はその典型だ。

そして、この現在時制の守備範囲の広さは、動詞の単純形がもつイメージからきている。この点を進行形と比べてみよう。

4. Yuki usually *speaks* gently, but now she *is shouting* in anger. (ユキはふだん穏やかに話すのに、今は怒って声をあげている)

★ 単純形：変化が見えない(静止画的(写真の)イメージ)
★ 進行形：変化が見える　(動画的イメージ)
　　＜観察可能性＞～＜一時性＞～＜未完結性＞

単純形は変化が感じられないけれども、進行形は目の前で変化を観察しているような感じがする。そして、その変化はふだんとは違った一時的なもので、それでいて、いつ終わるかわからない未完結な状態にも感じられる。そこで、ふつう一時的であるはずの進行形でbe always doingとすると、She *is always shouting* in anger.(彼女はいつも怒ってどなってばかりいる)のように、そのことを非難しているような感じになる。

### ◆もともと動きがない状態動詞

ところで、進行形と最初から相性のよくない動詞がある。3に出てくるbelongなどの状態動詞だ。状態動詞は＜変化のない状態＞を

示すから、ふつう進行形にならない(例3)。一方、状態動詞ではない動詞つまり動作動詞は＜始めから終りにいたる動作＝変化＞を表せるので、もちろん進行形でも使える(例4後半)。が、動作動詞を単純形で使うと、ふつうは変化の感じられない習慣的なことになる(例1，2，4前半)。以下に、状態動詞のうち基本的で重要なものをあげておこう。

**be**(…である)、**have**(有している)、**belong**(所属している)，**resemble**(…に似ている)、**see**(…が見える)、**hear**(…が聞こえる)、**know**(…を知っている)、**like**(…が好きだ)など

※ You *are being* too kind.(それは親切過ぎて困りますよ)のように、状態動詞をあえて進行形にして一時性を強調することもある。be beingは主に人のふるまいについて使われる。
※ haveが状態としての所有ではなく、「食べる」などの動作を表す場合は、Now we *are having* lunch.(今お昼を食べてます)のように進行形もOK。

　動作動詞の単純形はふつうは習慣的なことを表すけれども、瞬間的な状況を示す場合もいくつかある。新聞・雑誌などの写真のキャプション(説明文)がそうだ。写真はまさに静止画で動きが見えないから単純形にフィットする。そこでChiyotaikai *pushes* Asashoryu out.(千代大海、朝青龍を押し出しで破る)などの表現がよく出てくることになる。
　スポーツなどの実況中継でも単純形がよく使われる。これは、実際には絶え間なく続く場面を、カメラでいくつかの静止画にし切っていくようなイメージだ。たとえば、野球ならこんな感じ。The crack of the bat *is* heard. And the ball *flies* through the sky. It *looks* like a home run. But Ichiro *climbs* the wall, and the catch *is* made.(打ったあいい当たり、ボールは宙を舞って、ホームラン性の打球だが、イチローがフェンスにのぼって、取りまし

た)。

これに似た慣用表現に、**Here[There] S V.** がある。Here we *are*.(さあ、着いたぞ)、Here you *are*[Here it *is*].(さあ、どうぞ)、Here he *comes*.(あ、彼がきた)などがその例で、具体名詞が主語だと、Here *comes* the bus.(あ、バスがきた)のように倒置になる。

## EXERCISES

A．状況説明にふさわしくなるよう、カッコ内の語を活用させて表現を作ってみよう。

(1) ＜部屋で子供が騒いでいる、台所から母がやってきて…＞
What _____ on? (go)
Why _____ so much noise? (make)

(2) ＜マジ？　いや、冗談＞
A: _____ serious? (be)
B: No, I_____? (kid)

(3) ＜何いってんだよ、お前。勘違いはよせよ＞
A: Where were you last night? Who were you with?
B: What _____ about? (talk)
　　I _____ with my colleagues. (drink)

(4) ＜どうも煮え切らない表情をしているのを見て＞
_____ second thoughts about working overseas? (have)

B．ストーリーがつながるように、カッコ内のふさわしい形を選んでみよう。

Usually she [ stays / is staying ] indoors when it [is / is being] too sunny. But today she [ has / is having ] some business to attend to. So she must walk to the station. That's why she [uses / is using] a black sun umbrella to protect her skin from UV.

解答・解説は p.240

# 5 ▶▶▶ 今への影響を語る現在完了

haveのもつ意味のコアがわかれば、現在完了形への理解も深まります。完了形について、あらためてみてみましょう。

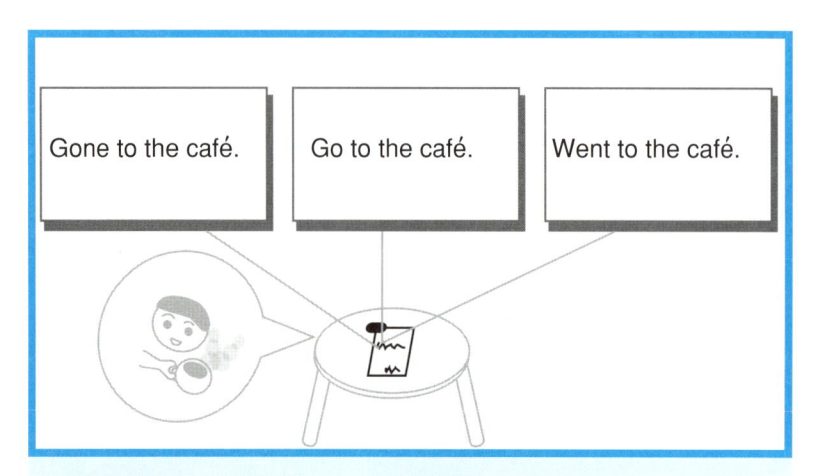

状況にふさわしいメッセージを選ぼう。
**「喫茶店に行ってます」という置手紙があった。**
A. Gone to the café.　B. Go to the café.
C. Went to the café.

解答はp.236

　Going, going, gone!(伸びて、伸びて、入った～!)と、野球のアナウンサーがホームランの打球を描写していうことがある。ここには、doingとdoneの違いがくっきりと出ている。**doing**は＜現にしている＞ところを観察している感じで、一方、**done**は＜すでになされてしまっている＞状況を示している。だから、「(もうここにはいなくて)喫茶店に行ってるよ」と伝えるメモには、Gone to the café. とあるのがふさわしい。

　doingにbeを、doneにhaveをたすと、それぞれ進行形と完了形になる。ここでは、be + doingとのコントラストでhave + doneをみてみたい。まず、beのコアから確認してみよう。

## 動詞チャンク

### ★beのコア
**X be Y：XがYで示される空間にある［いる］**

このコアに従えば、I'm [here].もI'm [fine].もI'm [an office worker].も同じように理解できる。「ここ」という場所にいるか、「元気だ」という状態にいるか、「会社員」というカテゴリー(集合)の中にいるかということで、beのコアは変らない。そして、進行形のShe is [jogging].も、彼女が＜現にジョギングをしている＞という状況空間にいるという解釈ができる。

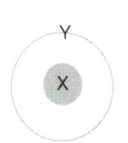

つぎに、haveのコアをみてみよう。

### ★haveのコア
**X have Y：Xが自分の所有・経験空間にYを有する**

haveは所有や経験のなわばりを示すけれども、何かを手で持っている必要はない。だから、We have [little snow] here.(ここでは雪はほとんど降らない)などということもできる。そこで、He has [lost his job].という完了形は、彼が＜仕事を失ってしまった＞状態を、自分の経験空間に、今も有しているということを表している。

## ◆今への影響のバリエーション

進行形(be＋doing)では「未完結性」が感じられるのに対して、完了形(have＋done)では「すでになされたことの現在への影響」が強く意識される。現在への影響が大切だという点は、すでにやり終えて一息ついている感じの＜完了＞、すでになされたことの＜結果＞、生まれてこのかた……という＜経験＞、これまでずっとそうだという＜継続＞のいずれにも共通している。

① **She *has* just *finished* exchanging e-mails with a new colleague.**(彼女は新しい同僚とメールの交換をし終えたばかりだ)＜完了＞
② **He *has gone* to New York to attend an international conference.**(彼は国際会議に出るためにニューヨークへ行っている)＜結果＞
③ ***Have* you ever *visited* Monument Valley?**
(モニュメントバレーを訪れたことがありますか)＜経験＞

④ **A bad cold *has been annoying* me for more than a week.** (ひどい風邪で1週間以上悩まされている)　＜継続＞

ちなみに、動詞チャンクをhad＋done(had＋been＋doing)とすれば、過去の回想になり(過去完了[進行])、will＋have＋done(will＋have＋been＋doing)の形にすれば、未来への想定に応用することができる(未来完了[進行])。

## ◆現在完了と過去の違い

現在完了形は、過去の出来事の現在への影響を述べる。一方、過去形はふつう今から切り離された過去の回想を述べる。たしかに、現在完了形のかわりに過去形で済ますことができる場合も多いけれども、継続の用法だけはそうすると意味が変わってしまう。例えば、④でwas annoyingを使うと、現在と切り離された過去のことになって、今は元気なんだろうという感じになってしまう。

違いが際立つ例をもうひとつ。カミソリでヒゲを剃っていて、つい肌を切ってしまった直後には、I *cut* myself shaving.という。少し後で振り返っていうならI've *cut* myself shaving.とできる。現在完了は、過去の出来事を今の経験空間に収めて状態化する。逆に、瞬間的な動作のインパクトを語るには過去形がふさわしい。

## ◆まだ続いていきそうな感じのhave＋been＋doing

have＋been＋doing(完了進行形)は、be＋doingが示す＜未完結＞の進行状態を今までずっと有してきているということを示す。まだ続いていきそうだという感じがする点で、ある種の完結感を示すhave＋doneと違う。ただし、状態動詞は進行形と相性がわるいから、have＋been＋doingではなくhave＋doneで継続を表す。そこで、We *have known* each other for ten years.(私たちは十年来の知り合いだ)では、ふたりの関係はまだ続いていくという感じがする。

## EXERCISES

A. イラストに合う表現を選んでみよう。

ア＜トライアスロンに初挑戦ゴールの瞬間「やったあ！」＞

イ＜後で降りかえってかみしめるように「やったんだ」＞

I've done it !
I did it !

B. 状況説明にふさわしくなるよう、カッコの中の動詞の形を変えてみよう。

(1) ＜オイシイところを見逃したよ＞
When we (get) to the stadium, Matsui (already hit) a home run to tie the game.

(2) ＜まだあきらめないぞって感じだったね＞
When I (see) Takashi, he (say) he (wait) for his girlfriend for more than 2 hours.

(3) ＜その頃みんなすっかり出来上がってるだろうな＞
By the time I (join) them at the party, all my friends (drunk) too much.

(4) ＜そのためにずっと入念な準備をしてきたんだね＞
A: I hear you're going on a jungle safari.
B: Yeah, that's right. I (prepare) my equipment for a long time.

解答・解説は p.240

# 6 ▶▶▶ 何をされてどうなっているか＝受身

「受身＝be＋done」は、行為の影響を受ける側がクローズアップされた表現です。

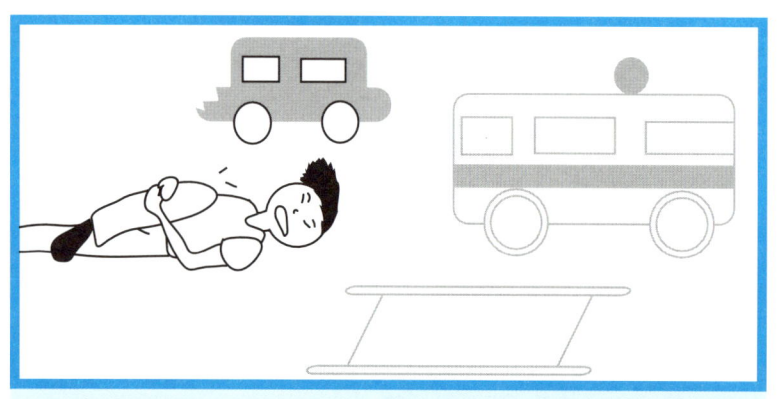

イラストの状況に合うように、カッコ内から最も適切な語を選んでみよう。

The boy (got injured, injured, was injuring) in a traffic accident and (took, was taken, was taking) to a hospital.

解答は*p.236*

### ◆ふるまいの相手が受ける影響に注目する受身

　受身というと、すぐに書き換え問題を思い出すかもしれない。でも、どんな文でも受身になるわけではない。たとえば、He became a home-loving husband.(彼は家庭を愛する夫になった)やHe resembles his father.(彼は父に似ている)には受身はない。becomeは自動詞(a home-loving husbandはHe自身のこと)で、目的語(ふるまいの相手)をもたないからだというかもしれない。それは、間違いではないけれど十分な説明とはいえない。なぜなら、resembleのように他動詞(ふるまいの相手が必要)でも受身にならないものがあるからだ。

　受身が成立するためには、ふるまいを受ける相手がいる(ある)だけ

でなく、その影響をクローズアップできないといけない。逆にいうと、その条件が満たされれば受身の表現が可能になる。そこで、次のような熟語を使った受身もOKとなる。

The nurse <u>took care of</u> the boy.
　　　　　　＜熟語＞

⇒ The boy <u>was taken care of</u> by the nurse.
　　　　　be ＋＜熟語＞

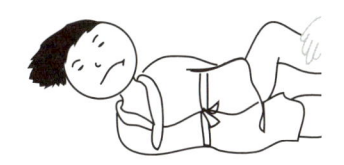

### ◆受身では、ふるまいをする側は背景に退く

受身ではふるまいを受ける側が注目され、ふるまいをする側にはあまり目がむかない。そこで、受身は以下の状況でbyなしで使われることが多くなる。

A. 誰がやったかということより、どういう結果・状態が引き起こされたかに注目するとき。

**Many people *were buried* under the rubble of the earthquake.** (多数の人が地震の瓦礫の下に埋まってしまった)

B. 発言の内容に、客観的な響きをもたせたいとき。

**It *is estimated* that the fossil dates back to the Jomon Era.** (この化石は縄文時代にさかのぼると見積もられている)

　Aは、誰がやったかいえない、いう必要がない、いいたくないというような場合。Bは、自分がそういってるんじゃなくて、一般にそういわれているという感じの表現で、教科書や論文などでよく出てくるタイプだ。

◆**受身のバリエーション**

　受身の変化形もみておこう。An increase in the consumption tax *is being discussed* in the Diet.(国会では消費税増額が議論されている)は、受身の行為が進行している状況、The additional room *has* just *been completed* in our house for the new baby.(ウチでは今度生まれた赤ちゃんのために建て増しの部屋が完成したばかりです)は、受身の行為が完了している状況を示す。それぞれ、is, hasをwas, hadとすれば過去の回想、will be, will haveとすれば未来の想定になる。

　I *was inspired to practice* kendo by watching Kurosawa films.(黒澤の映画を見て剣道の練習へとかきたてられた)のように、V＋A＋to doを前提にしたA＋be done＋to doの形も多い。

　また、BE＋DONEのかわりに、変化を強調してGET＋DONEとすることもある。They *got married* last month.(彼らは先月結婚した)もそれにあたるし、He *got injured* in a traffic accident and was taken to a hospital.(彼は交通事故でケガをして病院に運ばれた)もその例だ。

　by以外の前置詞を含む受身の成句も多い(→p.138参照)。get used[accustomed] *to*…(……に慣れる)、be opposed *to*…(……に反対だ)などはtoで＜向きあう＞状況を示し、be faced *with*…(……と直面して)、be covered *with*…(……で覆われて)、be satisfied *with*…(……に満足して)などは、withで＜伴にある＞状況を表している。get involved *in*…(……に関与する)、be interested *in*…(……に関心がある)などのinは＜空間内＞に収まる感じ。be surprised [disappointed] *at*…(……で驚く［落ち込む］)などアッという間の反応にはatがふさわしく、be worried *about*…のように漠然とした思いにはaboutが合う。

# EXERCISES

A. 状況設定にあうよう、カッコの中でふさわしいものを選んでみよう。

(1) ＜恥かしくてし方なかった＞
I (laughed at, was laughed by, was laughed at by) everybody.

(2) ＜もつべき友を間違えたことが災いした＞
He was (made, made to, making to) steal something from the store by the gang and (caught, has caught, have been caught) by the police.

(3) ＜再操業へむけて安全性の確認作業を実施中＞
The nuclear power plants (are inspecting, have inspected, are being inspected) for safety hazards.

(4) ＜発電所から節電の指示が出ている＞
Instructions (are issuing, have issued, have been issued) for energy conservation by the regional power company.

B. 説明にあうように、カッコの中でよりふさわしいものを選んでみよう。

＜子供たちは、テレビでどんな問題でも簡単に片付くのを見慣れてるから、瞬時に満足を与えられないとすぐに不満を抱く＞

Children have (conditioned, been conditioned) to see all problems (resolving, resolved) in less than an hour on TV, so they (are quickly upset, are quickly upsetting) by anything short of instant gratification.

語注) condition……を習慣づける / resolve……を解決する / upset……を腹立たせる/ short of……に満たない、……以下のもの

解答・解説はp.241

# 7 ▶▶▶ 未来の表現を使い分ける

未来のことを表す形には、will do、be going to do、be doing、will be doingなどいろいろあります。それぞれどういうニュアンスがあるのかみていきましょう。

イラストの状況で、「私が出ましょう」というときに、ふさわしい表現を選んでみよう。

**I (will get / am going to get / am to get) it.**

解答はp.236

まず最初に、主な未来の表現をリストアップしておこう。

**will do** 現在の意志(つもり)から推量(だろう)の意も生じてくる。
**will be doing** ＜……しているでしょう＞と未来の進行状況を予測する。
**do** (推量の余地がない)確定的なことは未来であっても現在形で表す。
**be doing** ＜今している＞かのように、ワクワク・ソワソワしながら語る。
**be going to do** ＜(すでに)行為にむかっている状態にある＞
　　　　　　　　スタート地点がそれ以前にあり、「しようと思ってた」という感じに近い。
**be to do** ＜行為に向かう状態にある＞　公的な予定を示すことが多い。
**shall do** ＜何かすることを負うている＞ということを示す。

### ◆willのコアは「現在の意志」

　**will**が「単純未来」を表すというのは正しくない。「明日は日曜だ」と単純に未来のことをいうとき、Tomorrow *is* Sunday.とwillを使わずに現在形にするのはなぜか説明できないからだ。

　そこで、willのコアを現在の＜意志＞として、そこからどのように意味が展開するかを考えてみよう。I *will* help you anytime.(いつでも手伝いましょう)は自分の意思の表明になる。一緒に来てもらいたいけど、「来てくれるかなあ」というなら、*Will* you come with me?と相手の意思を問えばいい(これは「来るつもりある？」ともとれるから、はっきり「依頼」にしたいときにはpleaseをつけよう)。

　でも、He *will* come on time.で「彼は時間通り来るつもりだ」とするのはムリがある。第三者の意思はわからないからだ。そこで、「そうする(意思がある)だろう」と推量された意思として解釈される。そこから、It *will* rain tomorrow.(明日は雨でしょう)のように、「推量」を前面に出した用法も可能になってくる。

[助動詞will：……する意思がある]
　　自分の意思を述べる：……するつもりだ
　　相手の意思をたずねる：……するつもりがありますか？
　　第三者の意思を推量する：……する(つもりがある)だろう
　　→「……するだろう」となる推量の用法は、自分や相手にも応用できる。

※willを使うと不確実性が感じられるので、確定的な事は未来でもwillを使わない。

　will doでは意思が前面に出るということで、**will be doing**で、未来の進行状況の予測を示すことがある。この形は、意思が前面に出ないために、差し障りのないクールな表現としてよく使われる。たとえば、*Will* you *be coming* tomorrow?(明日はこられるでしょうか)は、意思ではなく予定を聞いてることが伝わりやすいし、I *will be waiting* for you.(お待ちしております)は、自分の未来の状況を予測する感じで、I *will wait* for you.(あなたを待っています[待つつもりです])のような押しつけがましさ(自分の意思を前に出す感じ)がなくなる。

## ◆willを使わない確定的な未来

　willを使わない現在形で未来について述べるのは、変更がありえない確実なことを示す場合だ。確実なことは未来でも現在とひとつという発想で、We *leave* for Paris tomorrow.といえば、単なる予定ではなく、事実としており込まれている感じがする。will leaveだと、予定は未定といった感じになる。

　この使い分けは、いわゆる時・条件の副詞節にもあてはまる。If it *rains* tomorrow, I'll stay at home.(明日雨が降れば家にいるつもりです)では、条件として雨が降ることを確定させるためrainsとする。will rainでは「雨が降るだろうなら」となって条件自体が定まらない。Let's go when you *are* ready.(準備ができたら行きましょう)でも、will beでは準備をする意思や予定がある時(つまり実際は準備ができてなくても)出発しようということになってしまう。

## ◆beを使って、今の状態から未来をほのめかす表現

　beを使う未来表現は、いずれもbe空間に収まる今の状態を示すことによって未来をほのめかす。We *are having* a party tonight.(今晩パーティーがあるんです)の「be＋doing＋未来の副詞」には、心の中(または準備段階)ではもう進行の状態で、ワクワク・ソワソワしているという感じだ。「be＋going＋to do」には、すでに行為にむかっているから、それ以前にスタートしているというニュアンスがある。willがこれから先だけ意識するのと対照的だ。たとえば、雨が降るだろうと、その兆候を見てからいうなら、It *is going to* rain.が自然で、It *will* rain.だと、あくまで今から先への推量になる。また、待ってもいなかった電話が鳴って、「私が取りましょう」というなら、I*'ll* get it.でいい。これはその時点での意思であって、それ以前は関係ないからだ。「be＋to do＋未来の副詞」は、The next meeting *is to* be held next month.のように、公的な予定を示すのがふつうで、新聞などの書き言葉でよく出てくる。

# EXERCISES

A. 状況説明に合うよう、カッコ内のふさわしいものを選んでみよう。

(1) ＜天気予報はあてになんないけど……＞

The weather forecast says we (have / will have) clear skies through the rest of the week.

(2) ＜もう成人か。でも、それも日々元気でいればこそだ＞

He (is / will be) twenty next month.

(3) ＜しっかり日程が組まれてるから、練習しておくか＞

Next Sunday (is scheduled/will be scheduled) for a golf tournament in Yamanashi prefecture.

B. イタリック体の表現はwill doとする場合と比べて、どう違うか指摘してみよう。

You're not *going to believe* this. They just got married last month, but they're buy*ing* their own home.

C. それぞれの状況に合うよう、未来の表現を選択してみよう。

We (    ) into our new house this spring.

a. 予定としてはそうなってます
b. もうソワソワして落ちつかないよ
c. 実現は間違いありません
d. ある程度準備してきました
e. その時点のことを予測している

ア. move
イ. will be moving
ウ. will move
エ. are moving
オ. are going to move

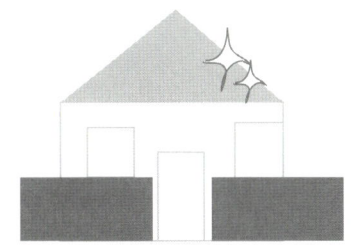

解答・解説は p.241

# 8 ▶▶▶ 助動詞①

＜可能である＞を示すcan、＜阻止するものがない＞のmay、＜強制力＞を表すmustなど、助動詞のコアと使い方をみていきましょう。

イラストの状況にあうよう、与えられた語句を並べかえてみよう。

**People have been discussing whether married couples (should/must/had better) use separate surnames.**

解答は*p.236*

　助動詞は、動詞の直前にきて、動詞のふるまいが実現にむかうポテンシャル(可能性)を示す。そのポテンシャルは、話し手の判断を示すこともあれば、対話的状況で、相手または自分のふるまいを引き起す力になることもある。認識と対話にまたがるこの観点で、主な助動詞についてみてみよう(will、shallは前章参照)。

◆＜可能である＞のcan

　canのコアは＜可能である＞だ。何かをする可能性として、「(能力的に)……できる」と「(事情がゆるせば)……できる」がある。後者に

は、A: *Can* I have a word with you? B: Yes, of course.(A：少し話せないかな。B：もちろんいいよ)のような「許可」の用法も含まれる。口語で許可を表すのはcanが多く、mayだとかしこまった感じになる。ちなみに、*Can't* you wait until I'm finished?(終わるまで待ってくれないかな)のように、否定疑問文では、いらだった注文を示すことがある(「……してくれない？」の意味でも使うが、そのときは*Could* you…?がふつう)。

　canをある状況を実現させる＜可能性＞を表すとみれば、「(理論上の可能性として)……することがある」という意味になって、Following instructions *can* be meaningless.(指示に従うことが無意味なこともある)のように使う。否定では、My son *can't* be studying so late at night!(ウチの息子がこんな夜遅く勉強しているはずがない)のように可能性がゼロだと言い、疑問だと、How *can* so many bad things happen to me?(なぜ私にこんなに悪いことがたくさん起こり得るんだ)のように、驚きや疑念がこもってくる。

　couldは過去の話の中では、「……することが可能だった」の意味で、He *could* dance well even at the age of eighty.(彼は80歳になっても上手く踊れた)のように使う。でも、これはあくまで可能性(能力)の問題。具体的な文脈で実行できたという場合は、He *was able to* win the gold medal.(彼は金メダルを獲ることができた)などとする。

　未来にむけて何かできるだろうというとき、willとcanのふたつを続けられないので、Next time you *will be able to* pass the driving test.(次回は運転免許の試験に合格できるでしょう)のようにする。

### ◆＜阻止するものがない＞のmay；＜強制力＞のmust

　mayのコアは＜阻止するものがない＞。これを行為にあてはめれば、「……してもよろしい」というかしこまった許可になる(ただし、「許可」はcanがふつう)。一方、何かの認識を示すのにmayを使えば、「……かもしれない」という五分五分の判断になる。

　mustのコアは＜強制力＞。ある行為に対して強制力がはたらくなら、「……しなければならない」という義務になる(否定については、

must notは「……してはならない」(禁止)で、don't have to[need not]が「……しなくてもいい」[不必要]となる)。また、何かの認識に強制力がはたらくとすれば、「……にちがいない」という確信を示し、You *must* be kidding.(ご冗談でしょう)のように使う(否定はmust notではなくcan't「……のはずがない」になる)。

### ◆「……すべき」のネットワーク

mustと比べると、have toはより客観的な感じがする。mustが＜強制力＞から(内面的)義務感をほのめかすのに対して、have toはto do＜行為にむかう＞という状況をhaveしていると外から見ていうだけだからだ。だから、I *must* apologize to you.はhave toを使うよりも切迫した気持ちが伝わる。

shouldは＜……してしかるべきだ(がまだしていない)＞をコアとして、「提案・忠告」などを表す。「べき」といっても、mustのような強制力はなく、むしろ常識・良識に訴える感じがする。だから、People have been discussing whether married couples *should* use separate surnames.(人々はずっと議論してきている／結婚した夫婦は別々の姓を使うべきかどうかということを)のように、人々の常識的判断に照らしてどうすべきかというときにはshouldがピタッとはまる。

逆に、「指定された禁煙区画でタバコを吸ってはいけません」は、You *must not* smoke in the designated non-smoking areas.のようにmust notで、(禁止の)ルールとして強制力を示したほうがすわりがよく、ここでshould notはちょっと迫力に欠ける。ちなみに、ought toは＜そうすることが正当である＞という意味合いで、shouldに近いやや堅めの表現。

had betterは「……したほうがいい(しないとまずい)」というくらいの表現。You'*d better* listen to my advice.(私のアドバイスに従ったほうがいいぞ)のように、かなり高圧的な響きがあり、ときに脅しにもなる。だから、使うなら目下または親しい人に対してが無難だ。

# EXERCISES

A．状況にあうよう、カッコ内のふさわしいものを選んでみよう。

(1) ＜いうまでもないことだけど常識として…＞
You (have to/should/must/had better) respect your parents.

(2) ＜客観的にみて、レンタルしないといけないようですね＞
The invitation reads "black tie attire," so he (should/had better/has to) rent a tuxedo.

(3) ＜調子に乗ってしゃべってると後がコワイぞ＞
You (must/have to/should/had better) watch your mouth.

B．アとイのそれぞれのニュアンスにふさわしくなるよう、助動詞を選んでみよう。

(1) Jane has her own idea as to how children (should/must) be brought up.

ア．ふつうはこう育てるべきね。

イ．こう育てなければ気がすまないわ。

(2) You ( should / must ) be careful of your lifestyle when you are young because you'll suffer for it later in life.

ア．親が子供の未来を思って、強くいさめるような口調で。

イ．他人が「まあ、結局、君次第だけどね」と忠告する感じで。

解答・解説は p.242

# 9 ▶▶▶ 助動詞②

後悔や文句タラタラの「助動詞＋have done」や慣用表現など、助動詞の応用的な使い方をみていきましょう。

> ヒント：ついカッとなっちゃって…

イラストの状況にあうよう、与えられた語句を並べかえてみよう。

I (must, may, can't) have said something offensive in the heat of the moment. I really (couldn't / shouldn't / didn't) mean it.

解答は p.236

## ◆「……しようとしたものだ」の would、「今とは違ってかつては」の used to

　過去の習慣を示す would は、もともと will の過去形で、過去の意志(推量される意思も含めて)からきている。だから、As a boy I *would* go fishing in that river.(少年の頃その川に釣りにいったものだ)のように、懐かしさをこめて語ることが多く、意思のはたらきを問わない状態動詞(beなど)とは一緒に使わない。

　used to は「(今とは違って)かつては……」という意味で、客観的に現在との対比で過去のことを述べる表現。こちらは、I *used to* drive. But now that I live in Tokyo, I don't anymore.(かつてはクルマを運転していた。でも今は東京に暮らしているので、もう乗らない)のように動作動詞でも、There *used to*[×would] be a karaoke bar in this building.(このビルにはかつてカラオケ屋があった)のように、状態動詞の場合でも使うことができる。

### ◆今から振り返って判断する "助動詞＋have done"

すでになされたことの可能性について、今から振り返って判断するときには、助動詞＋have doneの形が使える。なぜhave doneかというと、すでになされたことはdo(原形)では表せない。かといって、did(過去形)を使うわけにはいかない。助動詞の後ろでは原形を使うと決まっているからだ。そこで、have doneの形を借りてきたと思えばいい。だから、表される事柄も、完了というよりも単に過去のことが多い。たとえば、I *may have said* something offensive in the heat of the moment. I really didn't mean it.(一時の勢いで無礼なことをいってしまったかもしれないけれど、ホントにそんなつもりじゃなかったんだ)のように使う。

### ◆後悔や文句タラタラの "助動詞＋have done"

予想していたことと現実の結果がズレてしまって、思わず不満や文句が口をついて出てきてしまうことがある。自分がしでかしたことを悔いたり、人がしてしまったことを責めたり。そんなとき、こんな言い方をする。「ああすべきだったのに」(should have done)、「こうすべきじゃなかったのに」(should not have done)、「そんなことしなくてもよかったのに」(need not have done)と。

たとえば、「普通電車に乗って遅刻した。急行に乗ればよかった」といいたければ、I took the local train, and I was late. I *should have taken* the express.とできる。「わざわざ来なくても、電話してあげられたのに」というなら、You *need not have come* all the way. I could have called you.とすればよい。いずれの例も、過去のことを事実の裏側から述べているという点では、should (not) have doneもneed not have doneも(ふたつ目の例のcould have calledも)次項でみる、仮定法過去完了と同じ発想だといえる。

### ◆助動詞の慣用表現

助動詞を使った主な慣用表をみておこう。

- **can't…enough / can't…too** （……し過ぎることはない）

I *can't* thank you *enough*.(どれだけ感謝しても感謝しきれません)や、I *can't* do *enough* for you.(あなたに対してどれだけのことをしても十分ということはありません) は、どれだけしてもし過ぎではないという表現。感謝などありがたいことについてはenoughを使う。その他の場合にはtooを使って、You *can't* be *too* careful in crossing the street.(道を渡るときにはどれだけ注意してもしすぎることはない)のようにいう。

- **can't help…ing** （……せざるを得ない）

I *can't help* fall*ing* in love with you.(君との恋に落ちていくのはおさえようがない)は、そうする自分を救い難い、だからどうしてもそうしてしまう、ということ。

- **would rather** （むしろ……したい）

I *would rather* die *than* give up my dreams.(夢をあきらめるなら死んだほうがましだ)は、自分の願望を語る表現で、would ratherの直後では仮定法を使うこともある。A: Do you mind if I smoke? B: I'*d rather* you *didn't*.(A:タバコをすってもいいですか B:できれば遠慮して欲しいです)などがその例。

- **might as well** （どうせなら……したほうがいい）

Since we are passing the supermarket, we *might as well* go shopping.(スーパーを通っていくから、どうせなら買物しちゃおうか)の、might as wellは、せっかくだからとか、どうせだったら、という感じで、状況によっては皮肉になることもある。

# EXERCISES

空所に入れるべき助動詞を与えられた語群から選んでみよう。
((4)の※には共通の語が入る)

(1) He (　) visit his grandmother as a child. But as a university student he (　) be with his friends.

[ might as well, would rather, would always, can't help]

(2) A: I (　) have said so, but I don't remember.
B: Oh, you (　) have, because I remember shedding tears after hearing the words.

[ couldn't, must, didn't, may]

(3) The young man borrowed money from the loan shark. He became deep in debt. His father said, "You (　) have done what you did. I (　) have loaned you the money."

[ couldn't, would, need not, ought to]

(4) TITLE: "I (※) have, I (　) have, but I didn't."
As final exams are coming shortly, the student thinks remorsefully, "I (※) have done my homework through the year. I'm going to fail. It's too late." The lesson to be learned is: "You (　) turn the clock back."

[ can't, could, should, might]

解答・解説は p.242

# 10 ▸▸▸ 助動詞③

時制をひとつズラして、ある種の距離感を出す、仮定法や丁寧、婉曲の表現をみていきましょう。

イラストの状況にあうよう、与えられた語句を並べかえてみよう。
**I (can't / could / couldn't) have made this without your help.**

解答は p.236

### ◆事実と離れているというシグナルの would/ could/ might

　今現在の話をしていると思っているときに、いきなりwould、could、mightが出てくることがある。これは会話でもそうだし、何かを読んでいるときでもそうだ。そのとき、これらの助動詞が過去のことを述べていると思うと話が噛み合わないことが多い。
　そういう場合には、過去時制という概念をもっと柔軟にとらえて、それが時間的に過去のことを指すのではなくて、何かと離れている感覚を示していると思えばいい。ふつうは現在から離れているとい

う時間感覚を示す過去時制を、事実から離れている(=仮の話をしている)ことのシグナルとして使えば、それは仮定法の表現になる。

### ◆仮定法の心臓部は、if節ではなく、過去の助動詞

　仮定法の典型的なパターンは、*If I were* you, I *would* break up with him.(もし私があなたなら、彼とは別れるわ)や*If I had had* more will power, I *would have overcome* the temptation to smoke again. (自分にもっと意思の力があったならタバコをまた吸いたいという誘惑を乗り越えられただろうに)などif節を伴うのがふつうだ(仮定法のパターンについては*p*.115参照)。しかし、誤解してはいけないのは、仮定法の心臓部は、if節の条件の部分ではなくて、助動詞の過去形(特にwould、could、might)を使って表す結果の側にあるということである。なぜなら、if節は、倒置になってifが消えたり、他の表現にバケたり、状況や文脈からわかるときは、なくなってしまうこともあって、その場合、would、could、might があって初めて仮定法だとわかるからだ。

### ◆いきなり出てくるwould、could、might

　条件節などがなくて、いきなりwould、could、mightが出てくる例をみてみよう。He *would* be the last person that she *would* marry. (彼は彼女がまず結婚したいと思わないような人だ)では、wouldが現実的には考えられないということを示している。彼女がかりに結婚したいと思う相手がいるとしても、彼は(人類で)最後の候補でしょうという誇張表現だ。No plan *could* be better.ではthan thisを補えば「これよりいい計画はあり得ないだろう」と解釈できる。A: How are you doing? B: *Couldn't* be better.(A：どう元気？　B：いうことないね)の応え方も同じ発想で、ムリに正しい文に復元すると、I *couldn't* be better (than I am now).となる。つまり、今自分が感じている以上に気分がよくなることはあり得ないでしょうと応えているのだ。

現実から離れているというこの感覚を過去の話にあてはめると、「助動詞の過去形＋have done」(仮定法過去完了)の形が出てくる。I *couldn't have made* this without your help.(これは作れなかったでしょう、あなたの助けなしでは)などがその例だ。

## ◆丁寧や婉曲も仮定法の一種

ここまでくると、いわゆる「丁寧」とか「婉曲」と呼ばれる表現も、仮定法の一種だということがわかる。時制をひとつ過去にズラしてある種の距離感を示すという点は、同じだからだ。

相手に対して何か頼んだり勧めたりする際に、それが受け入れられることを当然(の事実)とみなさず、一歩引いて表現しているということを過去時制で示すと丁寧な感じが出せる。*Would* you (please) say that again?(もう一度いっていただけませんか)や*Could* you (please) do me a favor?(ひとつお願いしてもよろしいでしょうか)はその典型で、A: Please come to our home for Thanksgiving turkey dinner. B: I'*d like to*, but I will be out of town around that time.(A: 感謝祭の七面鳥のディナーをウチに食べにいらっしゃい　B: できればそうしたいのですが、そのあたりは出かけていまして……。)のwould like toも(かなうとは限らない)願望を丁寧に伝える言いまわしだ。

また、事実として断言することを控えて、そこから一歩引いて発言していることを過去時制で示すこともできる(婉曲)。It *might* be safe enough to say that people will choose to read books despite the overwhelming amount of information on the Internet.(こういってもいいでしょう／人々が本を読もうとするだろうと／圧倒的な量の情報がインターネット上にあるにもかかわらず)などはその例。

## EXERCISES

A．状況説明に合うように、カッコの中からふさわしいものを選んでみよう。

(1) ＜われわれが生きているうちはないだろうね＞
A: Do you think there will be a community built in outer space?
B: I (can't help, will, would) hardly think so in our lifetime.

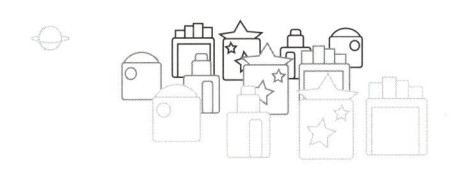

(2) ＜青少年の非行はおそらく家庭に原因があるのでしょう＞
Lack of family communication (should, might, ought to) possibly result in juvenile delinquency.

(3) ＜いやあ素晴らしかった。日本晴れで雲一つなかったよ＞
A: What was the weather like?
B: It (can, can't, couldn't) have been better.

B．イタリック体の部分に注目して、ストーリーが流れるように選択肢を選んでみよう。

(1) In business, Japanese people's manner is often perceived as lacking confidence. *But* there (might, couldn't, would rather) be cultural misinterpretation.

(2) The mother-in-law is glaring at the young bride in disappointment, suggesting that she just has no ability as a homemaker. *To defend his wife and encourage her*, the husband said, "She (could, couldn't, might as well) learn how to cook.

解答・解説は*p.242*

# 1 副詞チャンク
### ▶▶▶ 副詞チャンクは表現の宝庫

副詞チャンクはひとつの文の中にいくつでも使えます。情報の中身としてはとても大切なものです。

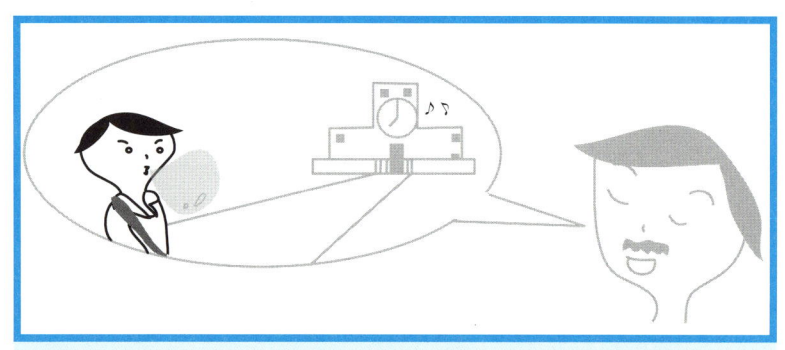

イラストの状況と合うように、与えられた語句からふさわしいものを選んで、カッコをうめてみよう。

Well, (　　　), I would (　　　) leave home early (　　　) to be in time for school, (　　　) in the morning class.
[enough/rarely/unless I had to take a test / honestly speaking]

解答はp.236

◆**副詞チャンクには核がない!?**

　副詞(そえるコトバ)というと、オマケだと思いがちだが、必ずしもそうとはいえない。たとえば、I'll never forget your kindness.(あなたの親切は決して忘れません) のneverも副詞だが、これがなかったらメッセージが反転してしまう。5W1Hの中では、whoとwhatは名詞にあたるけれども、when、where、why、howはどれも副詞だ。情報の中身としては、副詞は不可欠だといってもいいかもしれない。

副詞チャンク

　ところで、副詞チャンクには、名詞チャンクや動詞チャンクとは違って、情報の核がないために決まった形というものがない。語・句・節にわたっていろいろな表現がある。しかも、必要とあれば、ひとつの文の中にいくつでも使えるというのも副詞チャンクの特徴だ。

　たとえば、[Well], [honestly speaking], I would [rarely] leave home [early] [enough to be in time for school], [unless I had to take a test [in the morning class]].(そうだなあ、正直いって、僕は学校に間に合うほど十分に早く家を出ようとすることはまずなかったね。朝の授業でテストがあれば別だったけど)では、[　　]にくくった部分はどれも副詞チャンクだ。

　全体の情報の流れとしては、wellでちょっと間をつないで、honestly speakingで「正直な話だよ」と前口上を述べて、いよいよ本題に入る。と、すかさず頻度の副詞(rarely)が定位置に収まって、動詞がくる。その後に時の副詞(early)がきたかと思ったら、今度はどのくらいearlyかという程度をenough以下で限定して、さらにunless節で後づけの条件をたす(節の中にもうひとつ副詞チャンクが含まれている)という具合だ。

　このように、副詞チャンクはまさに表現の宝庫であり、ほぼ無数といってもいいほどの多様さをもっている。これらをすべて説明しつくすわけにはいかないので、主要な表現に絞ってみていきたい。副詞チャンクをマスターするには、個々の表現に親しんで、思いきって使ってみることを心がけたい。

◆**程度調整の副詞(主に単語)**

　副詞チャンクは、そのはたらきから、おおまかに以下のふたつに分けることができる。
(1)他の語句の程度(強度)を調整する、主に単語としての副詞。
(2)他の語句にかかるだけでなく、それ自体で情報提示を行う副詞チャンク。語・句・節とさまざまな形があるが、句と節の場合は、副詞チャンクの中に名詞チャンクや動詞チャンクが含まれる。

　ここでは(1)をみておこう。程度を調整する副詞は、veryを代表

選手として、その直後の形容詞・副詞にかかるのが基本だ(early *enough*(+分早く)のように修飾対象の直後にくる副詞もまれにある)。なかには、I like music, *especially* modern jazz.(私は音楽が好きで、特にジャズが好きです)のように、直後の名詞(句)や副詞節を修飾するケースもある。

　動詞を修飾する副詞は、I know him *well*.(私は彼をよく知っている)のように、V+αの後(文尾)にくるのがふつう。

　「否定」「頻度」など、コト全体の程度を調整する副詞は文中(一般動詞の直前、助動詞＜be、haveを含む＞の直後)に置かれる。たとえば、He *seldom* praises others.(彼はめったに人をほめない)、She's *always* nice to me.(彼女はいつも僕にはやさしい)のように使う。

### ◆副詞の基本確認

　veryとmuchについては、veryは形容詞・副詞を、muchは動詞を修飾する(ただし、肯定文で動詞を修飾するときには、I like him *very much*. がふつうでmuchだけでは使わない)。

　形容詞・副詞の比較級はmuchで修飾し(*e.g.* much better)、分詞は形容詞化していればveryを使う(*e.g.* very tired)。また、muchは、*much* the best (群を抜いて一番いい)、*much* in need of your help(あなたの助けを大いに必要としている)など、最上級や副詞句を強調する場合もある。

　多くの形容詞は、語尾にlyをたして副詞化できる(great＜すごい＞→greatly＜すごく＞)。しかし、なかにはlyの語尾があってもなくても副詞になり、両者の意味が異なる組み合わせがある。その主なものは、hard(一生懸命)とhardly(ほとんど……しない)、late(遅く)とlately(最近)などである。

　文頭で文修飾になる副詞が、文尾で動詞修飾になって、文全体の意味が変わることがある。*Wisely*, she didn't accept his offer. (賢明にも、彼女は彼の申し出を受け入れなかった)とShe didn't accept his offer *wisely*. (彼女は彼の申し出に対して賢明な受け入れ方をしなかった［受け入れ方が賢明ではなかった］)などはその例だ。

## EXERCISES

A. 誤まりを正してみよう。

(1) Finals are coming near so he's studying quite hardly now.

(2) We used to talk to each other but I have not seen him late since he moved.

(3) Akiko looks always cheerful in front of her class.

(4) I tried writing to her, but it was much disappointing that she did not reply.

B. それぞれの状況やセリフに合うように、与えられた文のふさわしい位置に副詞をたしてみよう。

(1) She can speak French + naturally

ア.パリでずっと暮らしてたんだから不思議じゃないよ。

イ.ずいぶんスラスラと話せるもんだね。

(2) She didn't talk to me + honestly.

ア.マジで、全然話してないって。

イ.なんかウソっぽい話だったなあ。

解答・解説は p.243

# 2 ▸▸▸ S＋V＋αと副詞チャンク

副詞チャンクの位置には、大きく分けて「イントロ」「調整」「後づけ」の3つがあります。ここでは「イントロ」を中心にみていきましょう。

---

与えられた英文に、副詞チャンクを3つたして、意味の通る表現にしてみよう（可能な順番は複数あるが、neverには定位置がある）。

**You will be able to get a good job.**
　[without computer skills]
　[in this information age]
　[never]

解答はp.236

### ◆S＋V＋αの前か後ろか真ん中か

　否定・頻度などの程度を調整する副詞は、定位置がわりとキッチリ決まってる。それに対して、情報を提示する副詞チャンク——他の語句にかかるだけでなく、それ自体で情報を提示する副詞チャンク——はかなり自由な位置で使える。思いついたところでたしたり、挿入したりすることもできる。

　とはいうものの、ある程度、意図を反映した位置というものもある。その目安となるのは、S＋V＋αの前の「イントロ」か、その後の

「後づけ」だ。これに、否定・頻度などの副詞の文中のポジションを「調整」のための位置として加えて、副詞チャンクの基本的な位置を3つあるとしてみよう。それに、疑問文や倒置にも対応できるよう助動詞を入れて、情報の配列を示すと以下のようになる。

イントロ　　　　　　　　　　　調整　　　　　　　後づけ
副詞1＋助動詞＋　S＋助動詞＋副詞2＋　V＋α＋　副詞3

★ 青いアミの部分は、いつも入るわけではなく必要に応じて使う。
★ ここでの助動詞にはBEや(完了の)HAVEがくることもある。

- **[Luckily]**, I got a new job.
  (運よく、新しい仕事についた)
- **[When you are ready]**, let's go.
  (準備ができたら、行こう)
- **[Why]** should I breathe second-hand smoke?
  (いったいなんで人が吸うタバコの煙を吸わなきゃいけないの)
- A: I can**[not]** believe her. B: **[Neither]** can I.
  (A：彼女のいうことは信じられないな　B：僕もだ)
- You can **[always]** count on me.
  (いつでも僕をあてにしていいよ)
- I went **[to my office] [by taxi] [yesterday]**.
  (私は昨日タクシーでオフィスに行った)

### ◆イントロ、調整、後づけのニュアンス

　イントロは本題に入る前の副詞情報で、必要であれば複数の表現を重ねて使ってもかまわない。イントロの直後には、話しコトバではポーズを置き、書きコトバではカンマを入れることが多い。イントロには、いわゆる＜前口上＞と＜状況設定＞がある。
　＜前口上＞は、To tell you the truth や Oddly enough などのように、どんな気持ちで、どんなことを述べるかということをあらかじめいっておくセリフ。間合いを取りつつ、コミュニケーショ

ンの潤滑油ともなる表現で、決まり文句もたくさんある。

　<状況設定>は、今から述べる出来事の、時・場所・条件などをセッティングするもので、形としては、Today、Next week などの語句、In Japanなどの前置詞句、To do...、DoingやDone で始まる分詞構文、副詞節などの幅がある。

　その他、When、Whyなどの疑問の副詞がイントロにきて倒置が起きると疑問文になり、さらに、否定の副詞などがイントロに出て倒置を起こして、何らかの強調を示す場合もある(p.126参照)。

　文中の「調整」の位置では、主にnot、never、hardlyなどの否定と、always、often、sometimesなどの頻度の副詞がくる。その他、分詞構文など情報提示系の副詞チャンクがこの位置にもぐり込むこともある(ただし節のチャンクはまれ)。そのときは、主役とふるまいのあいだでコト全体を調整する補足的なニュアンスになる。

　文尾の「後づけ」には、場所・様態・時・理由・目的・結果、その他いろいろな副詞情報がくる。後づけといっても、決してオマケではない。また一般に、節の副詞チャンクは、イントロより後づけで使った方が、その節の内容の余韻が強く残る感じがする。また、この位置では複数の副詞チャンクが使われることがよくある。

　冒頭の問題では、neverは頻度・否定の副詞なので文中「調整」の位置にはまるけれども、他のふたつのチャンクは状況設定のイントロともなるし、後づけでも使える。さらに、ふたつを連続させることも可能。答えの1例をあげると、[In this computer age], you will [never] be able to get a good job [without computer skills]. などとなる。

## ◆前口上のイントロいろいろ

　英語のメッセージは、骨格だけだと主語の名詞チャンクから始まる。しかし、前口上を述べてから本題に入ることも多い。前口上は

イントロの一種で、コミュニケーションをスムーズにつなぐのにも役立つ表現だ。そのうち主なものを、以下にあげておこう。

●対話にむかうスタンス「態度」

Honestly (speaking) 正直いって, Frankly (speaking) 率直にいって, To tell (you) the truth 実をいうと, Between you and me ここだけの話, Off the record オフレコだけど, *etc.*

　「態度」のイントロは、たとえば(　　), I don't like the way he talks.(彼の話し方が気に入らない)などの表現のイントロに、それぞれあてはめてニュアンスを比べてみるといい。

●状況へのリアクション「感情(評価)」

Luckily 運よく, Unfortunately 不運にも, To my joy うれしいことに, To my surprise 驚いたことに, To my regret 残念なことに, To my disappointment がっかりしたことには, *etc.*

　「感情・評価」のイントロは、状況へのリアクションをまず示してから本題に入るときに使う。彼に会えたことを運がよかったこととして伝えるなら、*Luckily*, I saw him.(運よく彼に会えた)、話しかけなかったことを悔いているなら、*To my regret*, I didn't talk to him.(残念なことに彼に話しかけなかった)とすればいい。

●自分の発言への「確信・コメント」

Obviously 明白に, Clearly 明らかに, Definitely 断じて, Absolutely ぜったいに, Undoubtedly 疑いようもなく, Surely きっと, Certainly 確実に, Probably たぶん〜だろう, Possibly あり得ることだが, Perhaps 場合によっては〜かもしれない, Maybe もしかして〜かもしれない(そうじゃないかもしれない), Oddly (enough) 奇妙なことだが, Naturally 当然ながら, Needless to say いうまでもなく, *etc.*

　「確信・コメント」のイントロは、自分の発言内容をどれくらい確実視しているかを先に示しておく表現。たとえば(　　), your idea is better than mine.(あなたのアイデアは私のものより優れている)のイントロに、それぞれ代入してみると面白い。また、確信を示す、Obviously〜Maybeの表現は、A: Is this idea better than the others?　B: *Absolutely* [*Absolutely not.*] (A：このアイデアは他のものよりいいでしょうか。　B：ぜったいそうだ[ぜったい違う])のように、Yes/Noの代わりに、確信の度合だけで答えるのにも使える。

●話題のレンジ「話題」

As far as...be concerned 〜に関する限り, When it comes to 〜のこととなると, Talking of... 〜についていえば, Generally (speaking) 一般的にいって, Strictly (speaking) 厳密にいって, By the way ところで, Changing the topic 話題を変えますが, *etc.*

　「話題」のイントロは、主に会話的な状況で、話題を立てたり、絞ったり、変えたりするときに使われる。

●論理展開のシグナル「論理」

For example たとえば, First of all まず第一に, Second[ly] 第二に, Then それから, Finally 最後に, Besides それに加えて, On the other hand 一方, In other words 言い替えると, In the same way 同様に, So だから, Therefore それゆえ, As a result その結果, Of course〜but... 確かに〜だが……, *etc.*

　「論理」のイントロは、論理展開を明示したいとき、特に、論説や評論などの書きコトバでよく使われる。

　上記の表現も、イントロで使うのがふつうだけれども、SVのあいだに割り込んだり、後づけになったりすることもある。情報提示系の副詞チャンクは、たいてい位置的には柔軟に使えるから、思いついたところで、どんどんたしてみるくらいの気持ちで使ってみよう。

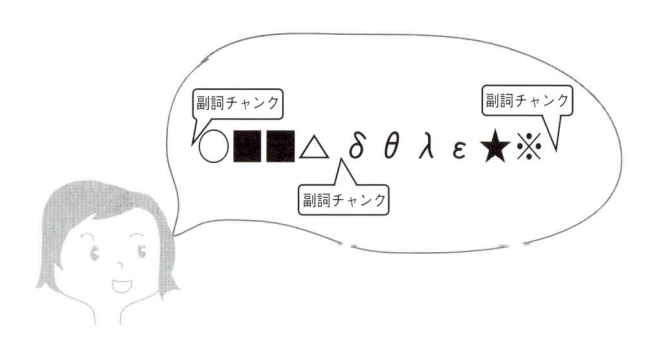

## EXERCISES

状況に合うよう、イタリック体の文に、副詞チャンクをひとつ選んでどこかにたしてみよう((5)だけはふたつたしてみよう)。

(1) ＜今年のトラは驚くほど強い＞
The Giants had a big lead. *They thought they would win. The Tigers picked up 11 runs in one inning and won the game.*

(2) ＜あの足取りからしてそうにちがいない＞
*He can't control his drinking.*
We saw him staggering on the street.

(3) ＜落ちついて暮らせやしないわ＞
A: Do you think we are safe enough living in Tokyo?
B: *With the current rise in crime.*

(4) ＜最初から期待させなければいいのに＞
He promised he would mail a package for my birthday. *Nothing arrived.*

(5) ＜レット・バトラー云わく「オレはどうでもかまわない」＞
Scarlett O'Hara asks in a sad voice, "What should I do?" Rhett Butler replies, "Frankly, my dear, I don't give a damn." His reply means,
*"I don't care what you do. Do whatever you want."*

語群：frankly speaking、obviously、surely、definitely not、to my disappointment、to our surprise、as far as I'm concerned

解答・解説は p.243

# 3 ▸▸▸ 状況設定のイントロ

本題に入る前のイントロには「状況設定」と「前口上」があります。ここでは今から述べる出来事の時・場所・時間などをセッティングする「状況設定」の方法をみていきましょう。

「たまには誤解もあるが、それはそれとして…」

イラストの状況に合うよう、与えられた語句を選んで、空所を埋めてみよう。
(　　　)(　　　)(　　　) than you have, I know the value of keeping friends (　　　) (　　　)(　　　) misunderstandings.
[of, lived, occasional, longer, regardless, having]

解答は p.236

　ここでは、状況設定のイントロの中で、前置詞句、不定詞、分詞構文にしぼって掘り下げる(節のイントロについては p.114-125 を参照)。それぞれの表現が文中や文尾で使われる可能性についてもみておこう。

基礎編

副詞チャンク

## ◆時空のフレームを設定する前置詞句

　前置詞句のイントロは、主に「場所」や「時」のフレームを設定して、その中でストーリーが展開されることを予告する。*In France*, snails are cultivated for food.(フランスではカタツムリが食用に養殖される)や*During the winter season*, mountaineering is treacherous.(冬期の間、登山は危険だ)などばその例。前置詞句の中には、because of…(……のために)、despite…(……にもかかわらず)、in case of…(……の場合には)、regardless of…(……とは関係なく)など、論理を示すものもあり、by doing(……することによって)、without doing(……せずに)のように動名詞を含むものもある。これらの前置詞句はすべて、イントロに加えて、文尾や文中(または挿入)で使うことができる。

## ◆＜行為にむかう＞to doの副詞的用法

　to doは、名詞的用法・形容詞的用法・副詞的用法のどれであっても＜行為にむかう＞がコアになる。その中で副詞的用法のto doは、主にイントロと後づけで使われる。イントロのTo do は、本題に入る前にどういう行為にむかうかを示すもので、To be frank with you (率直にいうと)などの「前口上」と、*(In order) To achieve the goal*, we need to work a lot harder.(目標達成のためにいっそうの努力が必要だ)の「目的」が大半。

　to doは文尾でも使われるが、その場合、後づけでどういう行為にむかうかを示す。そこで、I've come here *to see* if you're through with the work. (ここに来たのは、君が仕事を終えたかどうかみるためだ)、He woke up *to find* himself in a hospital.(彼は起きて気づいてみると病院にいた)のように「目的」「結果」などを表すことになる。さらに、I'm sorry *to trouble* you. (すみません、面倒をかけて)のように「感情の原因」を示すこともある。これは未来指向ではないけれども、気持ちの上で＜行為にむかう＞と解釈することができる。

107

## ◆＜動作の連続(同時)性＞を示す分詞構文

Doing...の分詞構文は、観察可能な動作進行の状況をペンディングしておいて、動詞や文にかかっていく用法で、そのエッセンスは＜動作の連続(同時)性＞にある。

いわゆる「時」「理由」「付帯状況」などの意味は、doing...自体にそなわるのではなく、文脈から判断されるに過ぎない。たとえば、*Walking alone at night*, the girl was approached by a stranger.では、walking以下で、「歩いている」状況をそのままにしておいて、見知らぬ人に追われたという事態につないでいるだけで、これは「時」か「理由」かを決められるものではない。こういう事情から、分詞構文は、連続的な事態の描写(文学的記述など)ではよく使われるけれども、客観的に論理展開を示したい場合には、接続詞＋SVの形が好まれる。

ところで、分詞構文は、文頭・文尾だけでなく文中でも使えるが、文中に割り込むと、急いで状況設定をたす感じになる。

分詞構文がDoneで始まると、*Given the right weather conditions*, mountaineers can successfully climb to the summit.(好天という条件が与えられれば、登山家たちは首尾よく登頂できる)のように受身の内容になり、*Having lived longer than you have*, I know the value of keeping friends regardless of occasional misunderstandings.(お前より長生きしてきたんだから／知ってるんだよ／友達を大切にすることの価値をね／ときおり生じる誤解には関係なく)のように、Having doneは、すでにしたこと(……した後で)を示す。ちなみに、否定はnot doing(……しないで)となる。

*With you eyeing me all the time*, how could I feel relaxed?(あなたが私をずっとジロジロ見ていて、どうやって私はリラックスできるんですか)のように、「with＋A＋分詞」の形で、いわゆる付帯状況を示す用法もある。Don't talk *with your mouth full*.(口にものを入れてしゃべるな)などでは、your mouthの後ろでbeingが省略されたとみなすことができる。

副詞チャンク

## EXERCISES

A. 与えられた語句を選んで空所を埋めてみよう。

(1) (　　　)(　　　)(　　　)(　　　) conserving energy, all government facilities are setting an example (　　　) not (　　　) air conditioning.
[of, for, by, the, using, purpose]

(2) (　　　)(　　　)(　　　)(　　　), the people in some Middle Eastern countries transport goods (　　　)(　　　).
[in, the, using, situated, camels, desert]

(3) (　　　)(　　　)(　　　) later (　　　)(　　　)(　　　), the police said that the boy suspected of the murder admitted to the charge.
[in, at, a, the, day, press conference]

B. 骨格の表現に、ニュアンスに応じて分詞構文をたしてみよう。

(1) **the jobless rate has slightly increased.**
＋＜昨年の同じ時期(the same time last year)と比較して＞
ア．比較対照を先に設定してから本題に入る感じで
イ．主語の後でサッと補足説明を入れる感じで
ウ．現状をまず指摘してから比較対照を示す感じで

(2) **Naoko decided to keep her own job**
＋＜夫の仕事の安定性(the security)がわからなくて＞
ア．不安な状況をまず設定してから本題に入る感じで
イ．主語の後で急いで状況設定をさしはさむ感じで
ウ．後づけで状況説明を加える感じで

解答・解説はp.244

# 4 ▶▶▶ 何をどれだけ否定する？

同じ否定でも、すべてを否定したり、部分的に否定したりと、さまざまなバリエーションがあります。ここでは、否定の表現の幅を見ていきましょう。

イラストの状況に合うよう、与えられた語句を選んで、ふさわしい位置に入れてみよう。

**It is that I trust your financial advice, but I have money to invest in something uncertain.**
**[hardly any / not / don't]**

解答は*p.236*

　否定がなかったら、すべての表現が肯定になって、何かを断ることもできなくなってしまう。否定表現は、コトバの使い方を知る上で決しておろそかにできない問題だ。

　否定表現には、すべてを否定する、すべての一歩手前まで否定する、部分的に否定する、などの幅がある。さらに、否定を強調することもあれば、否定を否定して肯定にしてしまうこともある。さらに、内容は否定なのに、否定語が出てこない場合だってある。否定の世界も実に幅が広い。

## ◆コト・モノ・頻度の否定、準否定、部分否定

　否定の主な表現には、コトの成立の否定(not)、モノの存在の否定(no)、頻度の否定(never)の3つがある。notはふつう動詞を否定して、「‥‥‥というわけではない」という意味になり、noはno moneyのように、モノの数量[度合]をゼロにするのが基本。そこから、He is *not* a gentleman.(彼は紳士である＋というわけではない＝彼は紳士じゃない)とHe is *no* gentleman.(彼が紳士である度合いはゼロ＝まったく紳士といえない)のニュアンスの差も見えてくる。He is *never* a gentleman.は、頻度(確率)的に、そういえることは決してないという感じだ。

　すべての一歩手前まで否定する準否定も3タイプある。コトの程度についてnotの手前の「ほとんど‥‥‥しない」はhardly、数量的にnoの一歩手前はfew/little(ただし、これらは形容詞または代名詞)、頻度的にneverの手前はseldomやrarelyで表すことができる。hardlyは、He *hardly ever* eats out.(彼が外食することはまずほとんどない)や I have *hardly any* confidence in myself.(私には自信はほとんどない)のように、everをつけると頻度、anyを伴うと数量を示すことができる。

　notで100パーセント肯定の語(all/both/every/always/necessarily/entirely/quite, *etc.*)を否定すると、「100パーセント‥‥‥というわけではない」という意味合いの部分否定になる。たとえば、I'm *not always* perfect. I'm not a superman.(いつもカンペキというわけじゃないよ。スーパーマンじゃないからね)のように使う。全体を否定したい場合は、no/neither/neverかnot＋any/either/everを使って「どれ(で)も／どちら(で)も／いつ(で)も＋ない」とする。

## ◆二重否定、否定語をもたない否定表現

　二重否定は、「ない」ことが「ない」ということで、結局は肯定的なメッセージになる表現。その表現の効果には、＜例外なしに必ず＞と

いう「強調」と、＜ないとはいえない＞という「婉曲」がある。*Don't [Never] fail to* write to me.(必ず手紙を書いてください)は強調、*It is not that* I *don't* trust your financial advice, but I have hardly any money to invest in something uncertain.(あなたの金融情報についてのアドバイスを信用してないわけじゃないんです。ただ、不確実なものに投資するお金はほとんどないんです)は婉曲の例。

　コトバの表面にはnotなどの否定語がないのに、メッセージが否定的になる表現もある。He is *anything but* polite to me.(彼は私に対して決して礼儀正しくない)、Her beauty is *beyond description*.(彼女の美しさは言葉では表現できない)などのほか、*Who can* trust such a dishonest politician?(いったい誰がそんな不誠実な政治家を信じることができるのか(誰も信じることはできない))のように疑問文で否定的なメッセージをほのめかすこともできる(修辞疑問文)。

### ◆否定の強調、否定がらみの相関表現

　一般に英語で強調を行うには、語句をたす方法と語順を変える方法があり(*p.*126参照)、それは否定を強調する場合でもかわらない。語句をたす場合としては、I'm *not at all* afraid of the dark.(暗闇は全然こわくない)のように、not＋at allで否定を強調できる。by no means(決して……ない)などの熟語も意味的には近い。

　語順を変える方法としては、否定の副詞チャンクをイントロに立てて、直後で倒置を起して強調する方法がある。たとえば、A child should not be abused under any circumstances. (どんな状況においても子供は虐待してはならない)は、*Under no circumstances* should a child be abused.として強調することができる。

　否定をからめてAとBの2者をコントラストで示す表現がある。not A but B(AではなくてB)、not so much A as B (AというよりむしろB)、not only A but (also) B(AだけでなくBも)が主なパターンで、いずれもAに対してBが強調される。

## EXERCISES

A．日本文に合うように、語句を並べかえてみよう。ただし、不要な語がそれぞれ1語ずつある。

(1) とても腕がいいとはいえません。
I am [a / not / from / golfer / far / good].

(2) 渋滞がないのでたすかります。
This city [ from / is / traffic jams / not / free].

(3) 彼の無礼さにはガマンがならない
His rudeness is [ stand / not / more / can / than / I ].

B．文中のどこかに1語を加えて、状況にふさわしい英語にしてみよう。

(1) ＜本当に生き写しのようだ＞
I can see you without recalling your father.

(2) ＜ちゃんと冗談も通じるよ＞
He is without a sense of humor.

C．下線の語を文頭に出して、倒置の表現にしてみよう。

(1) He had <u>hardly</u> received his paycheck than he wasted his money on horse racing.

(2) He <u>not only</u> designed the plan but he carried it out.

解答・解説はp.244

# 5 ▶▶▶ 節の副詞チャンク①
### 時と条件・仮定法・原因・理由・目的など

節の副詞チャンクは、それ自体に伝達すべき大切な情報をもっています。仮定法を中心に要点を確認しましょう。

イラストの状況に合うよう、カッコの中の表現からふさわしいものをひとつずつ選んでみよう。

**(If/Unless/As long as) anyone should come (till/before/while) I'm away, tell him or her to wait (after/until/the moment) I am back.**

解答は*p.236*

　節の副詞チャンクは一般に従属節と呼ばれ、二義的なものと思われている。しかし、because節などを筆頭に副詞チャンクはそれ自体に伝達すべき情報をもっているし、イントロか後づけかによってニュアンスの差もある(節のチャンクは文中はまれ)。以下、主な意味タイプに分けて要点を確認しよう。

◆**時と条件**

　時間の流れを感じやすくするためか、whenやafterはイントロ

が多く、before、until[till]は後づけが多い。時に関する慣用表現で、よく出てくるものとして、*It's been a long time since* I had a home-cooked meal.(久しぶりに手作りの料理を食べた)や*It will not be long before* seismologists discover a way to predict an imminent earthquake.(やがて、地震学者たちは、まじかに迫る地震を予測する方法を発見するだろう)などがある。

条件はif節が基本だが、ifの仲間がいくつかある。in caseは「……の場合は」という感じで、as long as...「……である限り」は時間の比較表現からシフトしたもの。provided (that)...は、受身の分詞からきた表現で「……ならば」、on condition (that)...は「……という条件で」というフォーマルな表現。unlessだけは否定的な条件で「……しない限り」。

### ◆仮定法のパターン

仮定法は時制を過去にひとつズラすことによって、事実から離れた仮定を示す表現法 (*p.*93参照)。仮定法のメッセージには、仮想のシュミレーション、ないものねだりの夢物語、過ぎたことの後悔・非難・安堵感などがある。

if節を伴う仮定法の基本パターンは、If s v(過去形), S would do「……なら〜のに」(仮定法過去)と、If s had done, S would have done「……だったら〜だっただろう」(仮定法過去完了)のふたつ。

すでにノーマルなパターンにはふれてあるので、ここでは応用例をみておこう。I *wouldn't* be feeling regretful *if* I *had done* all I could.(今頃後悔してないだろう。できることをやっていたならば)では、過去の仮定を前提に現在の(仮の)結果を論じている。*If* I *were* you, I *would have* just *ignored* the stranger.(私があなたならその見知らぬ人を単に無視したでしょう)のように、if節の中が変化のない状態であれば、時系列をひっくりかえして表現することもある。

*If* I *were* to marry him, what *would* you think?(仮に私が彼と結婚するとしたら、どう思う?)では、if節にwere to doを使って、シュミレ

ーションゲームをしている。ところで、if節でshould doを使うと、結論部分はふつう命令文やS will doの形になる。「万一……なら」と訳せるものの、would doはまれだということからも、これは仮定法というよりある種の慣用表現として覚えておけばいい。

### ◆ifがなくなる仮定法

　ifがなくなる仮定法には、倒置でifがなくなる場合と、if節がなくなって代わりにotherwise、副詞句(時の表現や前置詞＋名詞など)、主語などが使われる場合がある。

　倒置が起るときは、必ず条件節の先頭にwereかhadかshouldがくる。たとえば、*Should* anyone come to see me, tell him or her I'll be right back. (万一誰かが私に会いにきたら、すぐに戻ると伝えてください)など。

　代用の主な例には、*Without* the quick response of the fire department, the fire *would have spread* to the neighboring houses.(消防署の迅速な対処がなかったら、その火災は近所に燃え広がっていただろう)のwithoutや、*A few years ago* it *would have been* inconceivable for Japan to send its troops overseas.(数年前であったら、日本が海外派兵をすることなど考えられなかっただろう)の副詞句、また、*A lady would* not talk like that.(レディであればそんな口の聞き方はしませんよ)の主語などがある。

### ◆I wish/as if/It is timeのパターン

　I wish...は、現実とは逆の願望を夢のごとく語る表現。*I wish* you *had been* with me then. (そのとき一緒にいて欲しかった)などがその例で、I wishのかわりにIf only...!を使うこともある。as ifは、He talks to me *as if* he *were* my father. (彼はまるで父親のように私に話しかける)のように、現実でないことを引き合いにして大げさな描写をする。He talks *as if* he *had known* me more than ten years. (彼はまるで私を10年以上みてきたかのように話し方をする)もその例だ。It is time...は、「もう……したっていい頃だ」という手遅れ感を出すべく

仮定法過去を使い、*It's time* he *faced* up to his responsibility. (彼も自分の責任に面と向い合ってもいい頃だ)のように表現する。It's about time…で「そろそろ」、It's high time…で「まさに」というニュアンスをたすこともできる

### ◆原因・理由

becauseの本来のはたらきは＜発話内容を正当化する＞ことで、なぜそうなのかの「理由」と、なぜそういえるかの「論拠」がある。先行内容を正当化する後づけになる場合が大半だ。He is in *because* he has something to take care of. (彼は家にいる。なぜなら何かすべきことがあるからだ)は「理由」、He must be in *because* the light is on. (彼は家にいるにちがいない。というのは、明かりがついているからだ)は「論拠」の例。sinceは論理の起点として「⋯⋯なので」、now thatは過去との違いを強調して「もう⋯⋯なんだから」(イントロがふつう)という意味あいで使われる。

### ◆目的・結果・用心(否定の目的)

目的と結果は、行為が志向する先としてつながっている。Tell me your e-mail address *so that* I *can* send you a birthday greeting. (eメールアドレスを教えて、そうすれば誕生日のお祝いメール送れるから)は結果を見込んだ目的。

一般に否定の目的と呼ばれるものは、実際には用心というニュアンスで、望ましくない事態に備えるという感じ。so that S will not…(⋯⋯しないように)、in case… (⋯⋯の場合にそなえて)、for fear (that)… (⋯⋯をおそれて)などで表される。たとえば、During your trip, carry extra money *in case* you're flight is cancelled. (旅行のあいだは、飛行機の便がキャンセルされる場合にそなえて余分なお金をもっていなさい)などのように使う。

## EXERCISES

A．イタリックの部分に注目しながら、前半と後半をつないでみよう。そのとき、ふさわしい接続詞を選んでふさわしい位置で使ってみよう。

＜前半＞
1. we gave up *watching sumo beside the ring*,
2. she was permitted to *graduate with her fellow classmates*
3. there are *many types of schools*,
4. I installed *a security alarm system*

＜後半＞
イ a burglar might enter my house
ロ she took the summer intensive course.
ハ some spectators left and gave us their tickets.
ニ students can choose their educational direction.

＜接続詞＞
[on condition that/ for fear /now that/ the moment]

1. _____

2. _____

3. _____

**4.** _____

_____

B．状況設定に合うよう、[ ] 内の語句は並べ替え、( ) 内の語は助動詞を伴った形にしてみよう。

1．＜たまらないように捨てないと＞
[in, advertisements, should, come] the mail box,
just throw them away.

2．＜騒音さえなければのどかなのに＞
[the, it, from, for, were, noise, not] the construction site,
her neighborhood (is) a pleasant environment to live in.

3．＜心の対話があったら踏みとどまれただろうに＞
Many adolescents (not enter) the world of crime
[they, had, better, had] communication with their parents.

4．＜当時であれば、わがままは許されなかったでしょう＞
In the Edo period, it (is expected) for a son to carry on his father's trade.

5．＜おかげさまで思い出せました＞
You reminded me of what I otherwise (forget).

解答・解説はp.245

# 6 ▶▶▶ 節の副詞チャンク②
## as・程度・比較・譲歩・対立

ここでは、対等のas、程度、比較、譲歩、対立の代表的な表現と使い方の例をみていきましょう。

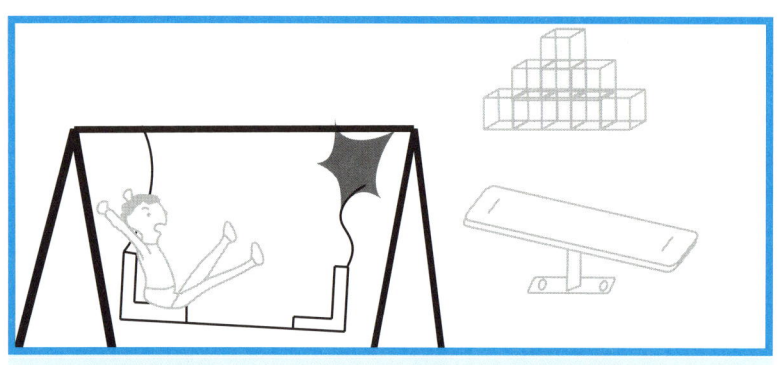

---

イラストの状況に合うように、与えられた語句を選んで、カッコをうめてみよう。

[　　] playground equipment seems [　　] safe [　　] parents feel secure, they must still be alert to possible dangers, [　　]
[so / even if / that / no matter what]

解答はp.236

---

### ◆ふたつのモノ・コトを対等に並べるas

asにはいろいろな用法があるけれども、いずれも「ふたつのモノ・コトを対等に並べる」というコアから生じている。

Treat me *as* your equal, not *as* your slave.(私をあなたと対等な存在として扱って、奴隷としてではなく)では、me = your equal(≠ your slave)として

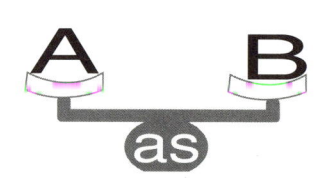

扱えといっている。*As* the actress came on to the stage, the audience gave her a big hand. (女優がステージに上がると観客は大きな拍手をした)や*As* you grow older, you ought to become wiser. (年をとるにつれて、人は賢くなってしかるべきだ)では、それぞれふたつの出来事を時間的に並べている。Accept yourself *as* you are. Don't try to be anyone else. (自分をあるがままに受け入れなさい。誰か他の人になろうとしないで)は、自分を受け入れるという行為と、自分が今ある状態を対等に並べなさいということだ。

　Young *as* he is, he has a lot of experience. (彼は若いが、いろいろな経験をしている)では、彼が若いことと、経験豊富であることを対等な重みをもつ事実として提示している。そして、語順をズラして論理の対立をつかみやすくしている。

### ◆結果をトリガーする程度の表現

　程度が一定段階に達すると結果がトリガーされる。そこで程度とも結果ともとれる表現が生まれる。The water shortage on Okinawa was *so* severe *that* the water was turned off every twelve hours. (沖縄での水不足は実に深刻であったので、給水が12時間おきに止められた)、It was *such* a touching movie *that* I cried. (それはとても感動的な映画で私は泣いてしまった)などはその代表格。

　ちなみに、この表現形式には、不定詞を伴うパターンもある。The restaurant's plastic sample display of the food looked good *enough to* entice us to come in. (そのレストランのプラスチックのサンプルはとてもよくできていて、つい中に入りたくなってしまった)やHe is *too* weak *to* carry such a heavy package. (彼は体力がなさ過ぎてそんな重い荷物は運べない)はその例。

### ◆比較の慣用表現

　比較の表現は実に多岐にわたる。ここでは、主な慣用表現にしぼってみておこう。She *can't so much as* boil water. (彼女は湯をわかすことさえできない)などは、can't doの強調として能力がないことを大

げさに表現するときにも使える。without so much as doing (……さえせずに)も同様に without doing の強調だ。*The more* you have, *the more* you want. (持つものが増えれば増えるほどますます欲しくなる)は比例関係を示す表現で、*The sooner, the better.* (早ければ早いほどよい)のように簡略化されることもある。

　There are (　)(　)(　) 50 students in this class.に入る表現として、no more than なら、50より多い度合いがゼロ(それしかいない)というニュアンスで only に相当する。no less[fewer] than なら、50より少ない度合いがゼロ(そんなにいるの)という感じで as many as に近い。not more than は、より多いわけではないから「多くて、せいぜい」(at most)となり、not less than は、より少ないわけではないから「少なくとも」(at least)となる。

　I can *no more* abandon my children *than* give up my own life. (子供を捨てることができないのは自分の命をあきらめられないのと同じだ)は＜両方否定の構文＞で、I am *no less* serious *than* you are. (僕が真剣なのは君と同様だ)は＜両方肯定の構文＞。*Nothing* gives him *more* satisfaction *than* doing volunteer activities. (ボランティア活動をすること以上に彼に満足を与えるものはない)は、実質的には最上級の意味をもつパターンになる。

## ◆譲歩と対立

### ① 譲歩

　「譲歩」とは、ある主張をゆるがぬものにするための前置きのこと。必ず＜譲歩〜主張＞のセットで使う。「そのことがどうなろうとも、とにかく絶対……だ」といえるようなパターンで、even if、no matter WH- (または whatever など)、whether の3つがある。

### (1)even if

　*Even if* playground equipment seems so safe that parents feel secure, they must still be alert to possible dangers, no matter what. (たとえ遊び場の設備がとても安全で親が安心できるほどだと思っても、それでもやはり可能性のある危険性には注意を払うべきだ)のように使われ

### (2)no matter WH-

no matter whatは「何が起ころうと、たとえどうあろうと」という意味の簡略化された表現。*No matter what* [Whatever] you say, I'll never change my mind.(あなたが何といおうとも、私の気持ちは決して変わらない)のように節を導くこともももちろんできる。

### (3)whether A or B

Whether A or B(AであれBであれ)は、A or Bと簡略化した勢いのいい慣用句もある。*e.g.* (Whether you) *like it or not*, you have to talk to your mother about this.(好むと好まざるとにかかわらず、このことについてお母さんに話さなくてはならないよ)

## ② 対立

「対立」を示す代表格はthough、although。

### (1)though

though節は、イントロでは対立点をあらかじめ示すのに対して、後づけだとthough 以下の内容により強く余韻が残る。
*e.g. Though* he is efficient, I don't like his attitude toward others.(彼は有能だけれども、人との接し方が好きじゃない)、I don't like..., though he is efficient.(……が好きじゃない。たしかに有能だけど)

ちなみに、though1語を後づけ(または挿入)で使うと、前言に留保を加える感じが強くなる。
*e.g.* I don't like his attitude toward others. He is efficient, though.(彼の人との接し方は好きじゃない。でも、有能なんだよな)

### (2)although

イントロか後づけの節で用いて対立を示す。thoughより強く響く。

### (3)while

She is very outgoing *while* her husband is quiet.(彼女は外交的だが、彼女の夫はおとなしい)のように、同時進行を示す用法から展開して、＜Aであるの同時に(その一方で)Bである＞というコントラストを示すときにも使われる。

## EXERCISES

A．与えられた語句の中から、空所にふさわしい語を選んで、表現を完成させてみよう。同じ語を2度使ってもよい。

(1) (　　　　　) people are rich (　　　　　) poor, illness finds everyone.

(2) (　　　　　)(　　　　　) period in history has been (　　　　　) turbulent (　　　　　) the present.

(3) Dialects in language do (　　　　　)(　　　　　) (　　　　　) keep strangers separate (　　　　　) bond the local people together.

(4) (　　　　　) rough were the waves in the Pacific Ocean (　　　　　) the red warning flag was put on the beach to alert swimmers of the danger.

語句) no, or, not, as, other, that, much, so, whether, than

B．与えられている表現に、①no matterのフレーズをイントロに立てて、「譲歩〜主張」を展開してみよう。②さらに、後づけで理由・条件・目的などの副詞チャンクをたして、「譲歩〜主張＋α」という流れをつくってみよう。

(1) **I will do this.** (これをやるぞ)

　　＋イントロ：何が起ころうと

　　＋後づけ：なぜってそれはぜったい必要(vital)だからね

(2) **I'll follow you.** (君について行こう)

　　＋イントロ：どこへ行こうと

　　＋後づけ：生きている限り(as long as... alive)

124

(3) **Don't forget we're friends.** (友達だってことを忘れないで)

+イントロ：どこにいても

+後づけ：さびしい(lonely)と感じたら(in case)

(4) **You have to do your utmost.** (全力をつくすべきだ)

+イントロ：どんな仕事をしようとも(do)

+後づけ：誇りをもてるようにね(so that / feel a sense of pride)

(5) **You have to devote time to your children.** (子供たちのために時間をとらなくてはならない)

+イントロ：どれだけ忙しかろうと

+後づけ：将来後悔し(feel regret)たくなければ

(6) **You can't look down on other people.** (人を軽蔑しちゃいけない)

+イントロ：自分がどんなに金持ちでも

+後づけ：なぜならお金がすべてではないんだから

## COLUMN

# ＜強調＞＜倒置＞＜省略＞＜並列＞

■強調

英語で強調を表すにはイントネーションで強める以外に、語句をたす方法と、語順を変える方法がある。

語句をたす場合は、very(とても)、really(実に)、so(たいへん)、very much(おおいに)などの程度を調整する副詞を使うのが基本だ。動詞を強調したい場合は、I *did* enjoy the party.(パーティーは本当に楽しかった)のように、助動詞do(does、did)を動詞の前に置くことでも可能。否定文・疑問文では、at allをたして意味を強めることができ、疑問文では、*What on earth* are you talking about?(いったい何の話だ)のように、on earth、in the worldなどで疑問を強調することができる。

語順を変えて強調する場合は、以下にあるように倒置によるものと、強調したい語句をIt is[was]とthatの間にはさむ方法がある(強調構文)。*It was* at a party *that* I first met you.(君に初めてあったのはあるパーティーでのことだった)は強調構文の例で、*Where was it that* I first met you?(君に初めて会ったのはいったいどこだったかな?)のように、疑問詞＋be it＋that...とすると疑問詞が強調される。

■倒置

ここでは助動詞(beと[完了の]haveも含む)が主語の前に出る場合を倒置と呼び、その他の「要素の移動」とは区別する。

```
  X  ＋  助動詞  ＋  S  ＋  …
  ↑        ＜疑問文と同じ語順＞
  ↑
  強調したいコトバ：Never, Neither, So, etc.
```

倒置はひとつには、イントロの位置にふだんこない語句を立てて強

調するときに起きる(否定であれ疑問であれ、文頭に主語がある限り倒置は起こらない)。まず、*Never* have I experienced such delight.(こんなにうれしい思いはかつて経験したことがない)のように、Never、Hardly、Not only、No sooner、Under no circumstancesなど否定の副詞チャンクをイントロに立てて強調する場合がある(p.112参照)。

また、She can't cook well.に対して*Neither[Nor]* can I.と応え、I'm tired.に対して*So* am I.と応えるときには、否定にせよ肯定にせよ反復を強調している。

もともと程度をクローズアップするso... thatとsuch... thatの構文で倒置にすることもある。Jack was *so* angry *that* he didn't say a word.(ジャックはあまりに腹を立てて一言も口をきかなかった)を*So* angry was Jack *that*... としたり、Her joy was *such that* she almost cried.(彼女の喜びはとても大きかったのでほとんど声を出して泣くところだった)を *Such* was her joy *that*...としたりすることで、程度をよりいっそう強調することができる。

これらと関連するものに、*Under the table* was a kitten.(テーブルの下にいたのはネコだった)など、場所の副詞チャンクがイントロに出て起きる倒置がある。there is構文はこれが定型化したものと考えられる。ただし、このタイプの構文では、*Here* comes the train.のように、be動詞以外の動詞(存在や移動を示す)も主語の前にくること、Here he comes.のように代名詞主語では倒置にならないことが他の倒置とは異なっている。

### ■省略と代用

英語では、具体的な表現の反復を嫌う傾向があるので、省略と代用がよく起きる。省略には、習慣的で自明なものが消える場合と、前言の繰り返しを避けて省略する場合がある。

主に省略についてみると、自明な部分が消える例としては、Cold chicken is delicious when (it is) eaten with salad.(冷たい

チキンはサラダと一緒に食べるとおいしい)のように、副詞節の中で、主節と同じ主語とbe動詞をワンセットで省略する場合がある。これはwhen、while、if、unless、until、though、once、as、as ifなどの接続詞の直後で起こる。また、if possible、whenever necessaryなどit isが自明のものとして消えて成句化しているものもある。

さらに、A: Is she coming? B: I'm afraid not.(A：彼女来るかしら B：来ないんじゃないかなあ)のように、notの前後を省いて、否定の節に相当する内容を示すこともある。このnotを否定の節の代用と考えれば、I hope so.(そう望む)のsoを肯定の節の代用として理解することとの整合性が得られる。ここからも、省略と代用が隣り合わせの問題だということがわかる。

反復を避ける省略の例には、Some study Japanese and others Chinese.(日本語を学ぶ人もいれば中国語を学ぶ人もいる)のように、同一構文内の同じ語(この例ではstudy)を2度目に省くもの、A: Say hello to your mother. (お母さんによろしく) B: OK, I will.のように、助動詞の後ろですでに出た具体的な動詞を省くもの、You can come with me if you want to.(一緒に来たければ来てもいい)のように、不定詞の行為の中身を省くものなどがある。

■並列

並列の表現をつなぐ語としてand、or、butにしぼってふれておこう。これらの等位接続詞と呼ばれる語は、文法的に対等な表現を並置するものの、時・条件・理由などを示す接続詞とは違って副詞チャンクは作らない。そこで、「並列」はチャンクの作り方というより、対等なチャンク同士のつなぎ方、つまりチャンキングの方法の一種として位置づけることができる。

andは「……と〜」「……そして〜」のように、語・句・節さまざまなレベルで対等なものを並べたり重ねたりする。Ladies *and* gentlemen. (紳士［と］淑女の皆さん)やfood, clothing *and* shelter (衣食住)などは対等に並べる例。重ねるという意味あいでは、wait *and* see (待ってみる、事態を見守る)、Get up *and* go away. (立ち上がってあっちへ行け)、Study hard, *and* you'll pass the test. (一生懸命勉強しなさい、そうすれば試験に通るでしょう)のように、成りゆき・手順・因果などを示すことができる。また、go on *and* on (どんどん進む) など、同一表現の反復によって強調を表すこともある。

**orは「‥‥‥か～」「‥‥‥または～」のように、複数のものからひとつを選ぶことを表す。**Which city would you like to visit, London, Paris *or* New York? (ロンドン、パリ、ニューヨークのうちで、どの都市を訪ねたいですか)やFor here *or* to go? (店内でお召し上がりですか、お持ち帰りですか)などは基本的な例。Either you call her *or* I will. (君が彼女に電話するか、さもなくば僕がする)のように、either A or Bとして二者択一を強調することもある。Stay where you are, *or* I'll shoot. (じっとしてろ、さもないと撃つぞ)という命令文の絡む用法は、選択の余地のないことをあえて二者択一的に示す警告の表現だといえる。

**butは先行する内容と対立する情報を導入するため、これからの発言に注意をひくはたらきがある。butは基本的に節単位をつないで、論理の流れを逆転させる。**その効果的なやり方として、例えば、相手の意見に反論するときには、That's a good point, *but*…(それはいい指摘ですね。ですが‥‥‥)とか、I know what you mean, *but*... (おっしゃることはわかります。ですが‥‥‥)のように、いったん相手の言い分を認めてからbutを切り出すといい。また、未然に反論を防ぎつつ自説の説得力を増す用意周到な言いまわしとして、Of course[Indeed]..., but～(たしかに‥‥‥だが、[しかし]～だ)などがある。

# 1 形容詞のはたらき
### ▶▶▶ コトを語る形容詞

形容詞には名詞を直接修飾する限定用法と、名詞が表すモノがどんな性質をもつかというコトを語る叙述用法があります。

あるアイデアを聞いて「素晴らしい」とリアクションを示すとしたら……。以下のパターンで表現してみよう。
ア) 形容詞1語で！
イ) 「あなたのアイデア」を主語にしてbeを使って
ウ) Thatを主語にして
エ) soundsを使って

解答はp.236

## ◆モノを差別化する(限定用法)とコトを語る(叙述用法)

　「名詞チャンク」で見たとおり、形容詞は名詞チャンクの中に組みこんで「限定詞＋形容詞＋名詞」のように使うと、モノの差別化をはかることができる(＝限定用法)。だから、a *great* idea というと、単なるan ideaよりも、ふるいにかけられてレンジが狭くなるように感じられる。
　このように、名詞チャンク内に出てくるのに加えて、形容詞にはもうひとつの使い方がある。それは、Your idea is *great*.のよう

に、名詞チャンクの外に出てくる場合だ。これは、名詞の性質を最初から限定して示すのではなく、後からどういう性質かというコトを述べている(＝叙述用法)。

### ◆感動をコトとして語る形容詞

限定用法は、あくまでモノ的世界で他のものとの差別化をはかる一方、叙述用法では、モノがどんな性質をもつかというコトが語られる。本来、出来事は動詞の図式で表されるから、形容詞でコトを表すときも動詞(beまたはそのなかま)が必要だ。とはいうものの、形容詞単独でコトを一気に語れることが多いのもまた事実だ。

たとえば、聞いていたアイディアが素晴らしくて、Great!と感嘆の声をあげるとしよう。このときは、もはや単なるモノではなく、コトを述べている。素晴らしいというコトを感動をもって伝えているからだ。食べていた料理が美味しくて、"Delicious!"(おいしい)とうなるのも、ようやく仕事を終えて、"Tired."(疲れた)とこぼすのも、やはり、ある種の感動をコトとして語っている。

もちろん、こんな1語文ともいうべき用法で、すべての形容詞が使えるわけではない。たとえば、色の形容詞(red、yellow、blue、etc.)だけでコトを表すことはできないし、woodやJapaneseなど素材や国籍の形容詞でもムリだ。

客観的に共有されるラベルのような形容詞は、名詞の側(モノ的世界)に吸収される度合いが強く、コトの描写にはなりにくい。それらは脇に置くとしても、形容詞が主語や動詞を伴う前に、単独で、生きた表現になることがあるということは知っておきたい。

### ◆1語文から洗練された表現へ

この単独形容詞の表現に、主語と動詞を加えて形式を洗練させてみよう。主語をIt、This、That、I、Youなどの代名詞、動詞をbe動詞に固定すると、たとえば、次のような表現が得られる。

**Great.** ➡ That's great.
**Delicious.** ➡ This is delicious.
**Tired.** ➡ I'm tired.

　右側の表現でもメッセージの中心はやっぱり形容詞だ。だから、ふつう形容詞にストレス(強勢)を置く。
　ところで、"S＋be＋形容詞"の基本的意味を維持しながら、be動詞の代役を果たす動詞がいくつかある。代表例をあげると、You *look* great.(あなたは素敵に見える)のように感覚的に描写するもの(類例：sound、smell、taste、feel、seem [to be]など)、I *stayed* awake all night.(ひと晩中眠らずに起きていた)のように状態を示すもの(類例：keep、remainなど)、また、She *got* upset.(彼女は怒った)のように変化・結果を表すもの(類例：become、growなど)がある。変化を示す表現には、Dreams *come* true.(夢が実現する)、The company *went* bankrupt.(その会社は倒産した)、The leaves *turn* red in fall.(秋には木の葉は紅く染まる)など成句的なものもある。

●脚注： 限定用法と叙述用法で使い分ける形容詞もある。
　叙述用法(ふつうbe＋形容詞)でしか使わない形容詞：afraid(怖がっている)、alive(生きている)、alike(似ている)、 asleep(寝ている)、awake(起きている)、aware(気付いている)、unable(……する能力がない)、content(満足している)など。
　限定用法でしか使わない形容詞の用例：an elder brother(兄)、the former president(前大統領)、the main idea(主旨)、an only son(一人息子)、live fish(生きた魚)など。
　また、ableなど限定用法と叙述用法で意味が異なるものもある。an able clerk(有能な店員)/ He is able to swim more than a kilometer.(彼は1キロ以上泳げる)

## 形容詞のはたらき

# EXERCISES

A. イラストのイメージにあうよう、ア）1語文➡イ）S＋be＋形容詞で表現してみよう。

(1) ア)カワイイ(cute)➡　イ)あの赤ちゃん……

(2) ア)コワイ(scary)➡　イ)この映画……

(3) ア)難しい(tough/difficult)➡　イ)この問題……

(4) ア)面白い(funny/interesting)➡　イ)そのマンガ……

(5) ア)退屈だ(boring)➡　イ)彼の話……

B. 意味が通るように、V群から動詞を、A群から形容詞を選んでみよう。

(1) **These tropical flowers…**

(2) **The injured person ……. for some time.**

(3) **People ……. as they …….**

(4) **My teacher ……. at my indifferent attitude.**

V: [remained / smell / grow / become / lay]
A: [fragrant / stubborn / motionless / old / silent]

解答・解説は *p.246*

# 2 ▶▶▶ 情報展開をトリガーする形容詞

平凡そうにみえる「be＋形容詞」が、実はそのあとにさまざまな情報を展開します。「be＋形容詞」のあとに情報を続ける3つの基本パターンをマスターしましょう。

免許証を忘れてきたことに後で気づいて、以下のようにこぼすとしたら‥‥‥。形容詞に続けて、表現をつくってみよう。

…… stupid….me
＜何で？＞ ➡ to leave….

解答はp.236

◆「It＋be＋形容詞」のあとはどう展開するか

「be＋形容詞」が、トリガー(引きがね)となって、後方に一定のパターンで情報展開がなされることがある。その中でぜひマスターしたい基本として、以下の3つをみてみよう。

① **It＋be＋事柄の形容詞**  ➡ **for 人 to do**
  ＜"FOR+人"はないことも多い＞
  (easy, difficult, possible, impossible, *etc.*)

ここでは、難易などの評価を示す形容詞を提示したのがトリガ

ーとなって、後方で、具体的に何がそうなのかという情報が展開される。たとえば、It's impossible(ムリだよ)といえば、聞き手は「何が？」とたずねたくなる。それを見越しているかのように、ひと呼吸おいて、to set up a new website in a week.(1週間でホームページを立ち上げるのは)などとつなぐことができる。

　to doが誰の行為か明示したい場合には、It＋be＋形容詞の後に、for＋人をたして、そのコメントの＜差し向け＞先を示してからto doへとつなげばいい。

　また、この応用形として、I find *it* easy / *to get* along with the guy.(カンタンだと思う。その人と仲良くするのは)のような、V＋it＋形容詞＋to doのパターンがある。

② **It＋be＋人柄の形容詞＋of 人　➡ to do**

　　(kind, nice, wise, careless, stupid, *etc.*)

　これは、人の振る舞いについて「親切だなあ」とか「不注意だなあ」といった性格に関わるコメントを述べるパターン。

　forでなくofを使うのは、形容詞で示す性格がof以下の人から出てきて、そこに属するというニュアンスを示すため。だからリズム的にも、It＋be＋形容詞＋of 人まで一気にいってから、「何で？」と問われる間合いとして一息つくとナチュラルだ。

　このパターンは、もともと人の性質を語る形容詞を使っているから、人を主語にして「人＋be＋形容詞＋to do」の形にすることもできる。例えば、It was stupid of me ／ to leave my driver's license at home.(マヌケだったなあ、免許証を家に忘れてくるなんて)はI was stupid ／ to leave…とすることもできる。ちなみに、どちらの場合もto doは、＜そういう行為と向き合うと

●脚注　①の形容詞の中には、It以外の具体的な主語を立てて、形容詞の意味を直後のto doで限定できるものもある。
e.g. This kind of magazine is easy *to sell*. (売るのは)／This kind of magazine is easy *to find* in Japan. (日本で見つけるのは)／This kind of magazine is easy *to understand*. (理解するのは)

は……＞という説明の役割を果たしている。

③ 人＋be＋感情の形容詞　　➡ **to do**

└─ (happy, glad, sorry, pleased surprised, *etc.*)

このパターンでは、まず主語の感情をコメントしてから、その気持ちがどんな＜行為と向き合う[to do]＞ことから生じたのかを付け加える。I'm glad / to meet you.(初めまして(うれしい、お会いできて))、I'm sorry / to interrupt you.(申し訳ない、お邪魔して)などがその例だ。to doの代わりにthat SV［because SV］などの節を使って、感情の原因を述べることもある。

### ◆doing・doneの(分詞)形容詞

人に影響を与える(他)動詞がdoing、doneの形で形容詞として使われるものがある。これらは、以下のような因果関係でイメージすると、原因の側(主にモノ)をdoingで、結果の側(主に人)をdoneで説明できることがわかる。

一般に、このdoingの形の形容詞は上で説明した①の構文で、doneのほうは③の構文で使えることが多い。

| ＜因＞ | ⇒ | ＜果＞ |
|---|---|---|
| surprising news | | I was surprised to hear that. |
| an exciting game | | excited spectators |
| a boring film | | her bored look |

●脚注　＊ その他、感情や心理を示す成句的な表現として、afraid (不安だ)、aware (気づいている)、ashamed (恥かしい)、proud (誇らしい)、sure (確信している) などを使って、「be＋形容詞＋of名詞」「be＋形容詞＋that＋SV」とするパターンがある。
　＊ 「be＋形容詞＋to do」で「助動詞＋do」に相当するものとしては、be able to do (……することができる)、be unable to do(…することができない)、 be likely to do (……しがち［しそう］だ)、be sure to do (きっと……するだろう)、be ready to do (……する準備［心構え］ができている)などがある。

基礎編

形容詞のはたらき

# EXERCISES

カッコ内の語句をヒントに、形容詞➡"S＋be＋形容詞"➡"S＋be＋形容詞＋〜"の順に展開してみよう((6)の後半は与えられた語句を並べかえること)。

(1) カンタンだよ
　　＋僕が彼を論破する
　　(**beat him in a debate**)のは

(2) ムリだね
　　＋今年、君が昇進する
　　(**get promoted**)のは

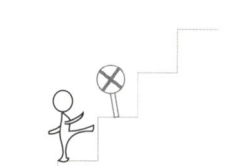

(3) 危ないな
　　＋女性がこんなに遅く(this late)
　　ひとりで歩くのは

(4) 親切ね(**kind / nice**)
　　＋家までクルマで送ってくれる(**drive me**)なんて

(5) ワクワクする
　　＋新しい先生がくるなんて(**have**)

(6) マイった(**depressed**)！
　　＋コンピュータのデータを消してしまって
　　(because/deleted/I /my computer/by mistake/the data/on)

解答・解説はp.246

# 1 前置詞のはたらき
### ▶▶▶ 前置詞①

英語の前置詞は日本語のテニヲハとは違い、「空間関係」を表します。前置詞のもつ空間的なイメージをつかみましょう。

イラストに合うように(　　　)の中に前置詞を入れてみよう。

**A.「ヤカンの水」**
（3D空間内）

water (　　　) the kettle

**B.「顔のしわ」**
（表面的接触）

wrinkles (　　　) the face

**C.「ドアの鍵」**
（鍵がドアと面と向き合う）

the key (　　　) the door

**D.「ビンの底」**
（全体に属する一部）

the bottom (　　　) the bottle

解答はp.236

　「前置詞」とは、名詞の前に置くコトバという意味だ。ちょっとイージーなネーミングだが、"前置詞＋名詞"でワンセットになるということは重要だ。その使い方は「名詞チャンク」「動詞チャンク」「副詞チャンク」のところで見てきたように、①＜名詞＋ゾロゾロ＞のゾロゾロ(後置修飾)になる、②V＋αのα(必要情報)の中で出てくる、③状況設定の副詞チャンクになる、などである。これに④慣用表現を

つくる、というのを加えればほぼすべての用法をカバーできるだろう。

すでに、チャンクの視点から前置詞(句)にはふれてきているので、ここでは、前置詞そのものの意味の世界を探索していくことにしよう。

## ◆前置詞は空間的イメージ

前置詞はよくテニヲハと比較される。けれども、日本語では、「彼女…台所…いる」でもなんとかわかるのに対して、英語では She is *in* the kitchen. の in を取るとおかしな文になってしまう。

「ヤカンの水」、「顔のしわ」、「ドアの鍵」、「ビンの底」などは、どれも「の」でふたつの名詞をつないでいるけれども、英語では water *in* the kettle、wrinkles *on* the face、the key *to* the door、the bottom *of* a bottle のように、空間関係の違いに応じて、前置詞を使い分ける。このことから、空間関係の表現について次のことがいえそうだ。

英語： ＜空間関係がわかるときはコトバで明示する＞
日本語：＜空間関係がわかるときはコトバで暗示する＞

さらにここから、前置詞マスターの心構えも導き出せる。すなわち、主に空間関係を示す前置詞をマスターするには、日本語の訳語に頼り過ぎずに、空間的なイメージをつかむとよいということだ＊。

英語で「前置詞＋名詞チャンク」はとてもよく出てくるけれども、前置詞自体の数は限られている。

ここでは、主な前置詞として in、on、at、to、for、of、from、by、with、over、under、above、below、along、across、through、around、about、into、out of、between、among についてみていきたい。さらに、up、down、out、off などの副詞も空間的イメージを示す点で前置詞のなかまとして扱う。

それでは、個々の前置詞をみていこう。

●脚注 その主旨でイラストを活用するが、by や with のように視覚的に表現しにくいものもある。

## ◆INは＜(3次元)空間内＞

inは、物理的空間内から(比喩的に)抽象的空間内へと展開される。She is *in* the kitchen. ~She is *in* our class.~She is *in* love.では、彼女が中に納まる空間が、場所～集団～心理のようにだんだんとワクがぼやけていくのがわかる。*in* timeは時間的な空間内に収まるから「間に合って」。speak *in* English (英語で話す)は言語空間内で話す感じで、speak English (英語を話す)とはややニュアンスが異なる。

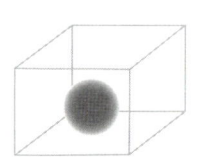

## ◆ONは＜接して＞

a book *on* the desk(机の上の本)などから、つい onは「上」だと思いがち。でも、垂直とは限らないから、「壁の絵」もa picture *on* the wallとなる。a book *on* economics (経済学に関する講義)は、話題が接して離れないからaboutより専門的に響く。こういう見えない接触は、You can count *on* him.(彼はあてにできる)の「依存」にもなる。

Do you have something *on* your mind？(何か気がかりなことがあるのですか)は、何かがmindに(外から)こぶのようにくっついていて、*in* mindの「(意識の中におさまって)覚えて・考えている」とは対照的。

*on* time(時間通り)、*on* Sunday(日曜日に)は時刻や日付にピタッと接する感じ。I'm *on* my way.(今そちらに向かってます)となると、経路に接して(進んで)いるとなり、そこから、*on* duty(勤務中)の「連続」につながって、さらには、go *on* and *on* (どんどん進む)などの副詞用法も生じてくる。

## ◆ATは(空間でも平面でもない地点としての)＜ところ＞

He is *at* the door. は「ドアのところ」という漠然とした地点を

## 前置詞のはたらき

示す。near(……の近く)やby(……のそば)ともひと味違う。change trains *at* Shinjuku(新宿で乗り換える)は、乗り換え地点と見なすから広さは意識されない。She is *at* school.(彼女は今学校だ)は成句として活動している＜ところ＞を示し、*in* the school (校舎の中)の単なる居場所とは違う。

　*at* high speed (高速で)、*at* this rate (この割合で)は速度や割合の地点。*at* noon (正午)はお昼の時点。

　*at* the end of this month(今月末)は先端の地(時)点で、*at* least (少なくとも)、*at* most (多くとも)などはその先端のイメージを伴ってイディオム化したもの。

　laugh *at* him(彼のことを笑う)のように動作の的にもなるが、shoot *at* him(彼を狙って撃つ)のように届くかどうか不明なこともある(shoot himは「彼を撃つ」で弾が届く)。また、be surprised *at*などアッという間の感情表現にも使える。

### ◆TOは＜向きあう＞

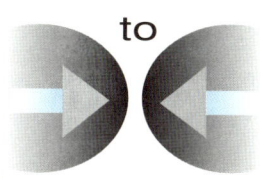

　face *to* face(互いに顔を合わせて)もThe score was 3 *to* 1.(スコアは3対1だった)も両者向きあう感じ。dance *to* the music(音楽に合わせて踊る)は音と向き合って踊る。go *to* the library(図書館に行く)は、向かって行くからふつうはたどり着く。不定詞の*to* doは行為と向き合うからふつうは未来指向となる。

### ◆FORは＜差し向け＞

　leave *for* L.A(ロス向けて発つ)、look *for* the book(その本を探す)、

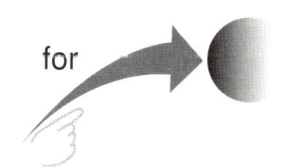

wait *for* you.(あなたを待つ)などは、行為の差し向け先を示す表現。a present *for* you(君へのプレゼント)は「利益」の差し向け先、pay 5 thousand dollars *for* the car(そのクルマに5千ドル払う)は「交換」の差し向け先を示す。

　*for* this reason(これが理由で)では前に述べた事柄の「理由」へと差し向け、ここからさらに接続詞の*for* SV(というのは……だから)にもつながる。

　It's easy *for* me to do…は「……はカンタンだ」というコメントを差し向ける人を示してto doにつなぐもの。*for* an hour(1時間のあいだ)は、時間の流れにそって矢を差し向ける感じで「期間」が表されることになる。

### ◆OFは＜出どころ・もどる先＞

　ofには「属する」「関連」「出所」「格表示」のタイプがある。

the bottom *of* the bottle(ビンの底)、Most *of* them are young.(彼等の大半は若い)などは、部分が全体に属すことを示す。a friend *of* mine(私の友)では所有者に、a house *of* wood(木造の家)では素材に、a matter *of* great importance(とても重要な問題)では性質に属すことが示されている。

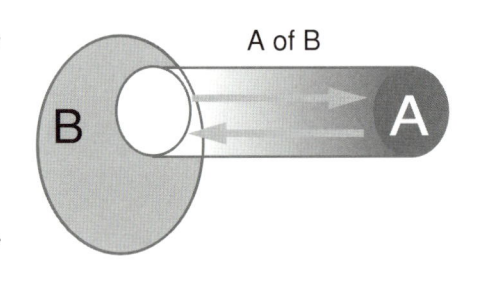

　関連を示すのは、talk *of* the matter(その件について話す)、inform him *of* the result(彼にその結果を知らせる)などで、行為が何との関連でなされるかを示す。rob him *of* his suitcase(彼からスーツケースを奪う)も、強奪という行為がスーツケースとの関連でなされるという理解が可能。

　出所をクローズアップするものに、die *of* cancer(ガンで死ぬ)、be proud *of* one's career(自分の経歴を誇りに思う)などがある。100 kilometers west *of* Tokyo(東京の100キロ西)でfromではなくofを使うのは、出所でしかもそこから離れ去るわけではないから。

　名詞化された動詞の後のofは主格・目的格を示せる。the rising *of* the sun(日の出＜主格＞)、research *of* the sun(太陽の研究＜目的格＞)は、それぞれthe sun risesとresearch the sunを名詞化したもの。振る舞いの出所と帰属先はやはり主役や相手だという感覚がofに託されている。the problem *of* global warming(地球温暖化という問題)のように、前の名詞と同格の内容を示す用法もある。

### ◆FROMは＜起点＞

　walk *from* my house *to* the station(家から駅まで歩く)、work *from* 9 *to* 5(9時から5時まで働く)など、from A to Bで時空の起点と終点を示す例は多い。I'm *from* Osaka.では「出身」を、He's suffering *from* a bad cold.(彼はひどい風邪で苦しんでいる)では「原因」を、それぞれ起点として示している。

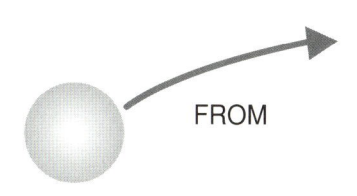

　また、起点から「離れる」fromに、A is different *from* B(AはBと異なる)、tell A *from* B(AをBと区別する)などがある。prevent A *from* doing(Aが……するのを妨げる)も、Aが行為から離れるからこれらのなかま。

### ◆BYは(手が届きそうなくらい)＜そば＞

　byの意味には、物理的にそばに「寄って」と、何かに「拠って」がある。stand *by* the door(ドアのそばに立つ)とstand *by* me(私を見捨てないで)はともに寄りそう感じ。*by* car(クルマで)などは交通手段で「拠って」の典型(on footとなるのは足は身体にくっついているから)。pass *by* the store (店のそばを通る)の空間的イメージがあればtime goes *by* (時が＜そばを＞過ぎて行く)の副詞用法もつかめる。The window was broken *by* the boy.(その少年によって窓が割られた)は、窓が割れてるそばに少年がいた、なら、その子がやったんだという推論からくる用法。

手が届きそうな距離を「差」とみなせば、He is taller than his brother *by* three inches.(彼は弟より3インチ背が高い)が可能となり、時間的にみてすぐそばを「(〆切)期限」と捉えれば、Finish this *by* tomorrow.(明日までにこれを終えなさい)ということもできる。

### ◆WITHは＜ともに・ともなって＞

withというと「一緒に」と思いがちだが、それだと対等なふたつのものをつなぐときにしか通用しない。＜ともに・ともなって＞と考えればうまくいく。

Something is wrong *with* this car.(このクルマはどこか調子がわるい)は、何かよくない状況がクルマとともにある状況。a girl *with* blond hair(ブロンドの少女)はブロンドの髪をともなった少女。kill two birds *with* one stone(一石二鳥)は「道具」をともなって。Don't talk *with* your mouth full.(口にものを入れてしゃべるな)はある「状況」をともなって。shiver *with* cold(寒さで震える)は「原因」をともなって。

前置詞のはたらき 基礎編

# EXERCISES

A. 状況設定にあうよう、空所にふさわしい前置詞を入れてみよう。

(1) ＜開店前からかなり評判だったからね＞
We waited (　) line (　) two hours
to eat (　) the new ramen shop.

(2) ＜おい、ちゃんと聞いてんのか？＞
(　) hands (　) his hips, he said,
"Are you (　) me?"

(3) ＜かわいそうに、あれはずいぶん痛いよ＞
The little boy was (　) pain
after the swing hit him (　) the face.

(4) ＜なぜ見ず知らずの人にそんなことができるのか＞
He was killed (　) a knife
(　) a random slasher.

(5) ＜やっぱりのどかなほうがいいわ＞
She moved (　) the city (　)
the countryside.
It was a change (　) the better.

解答・解説は p.246

# 2 ▶▶▶ 前置詞② 動詞イディオムをつくる副詞

前置詞に加えて、空間を表す副詞のコアになるイメージとその比喩的展開をみていきましょう。

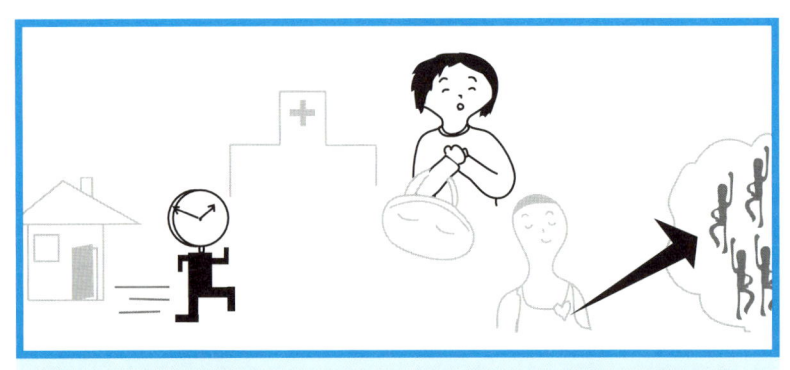

イラストと状況説明にあうよう、語群から1語選んで空所に入れてみよう。

＜だからもう急がないと…＞ Time is running (　　　).

＜なんとか乗り越えた＞ He got(　　　)his illness.

＜そんなにハマッてるの？＞ Are you (　　) aerobics?

[over, about, up, down, into, out]

---

## OVER、UNDER、ABOVE、BELOW

### ◆OVERは＜(弧を描くように)覆って＞

overには弧のイメージがある。弧のどこに焦点をあてるかで、「越えて」「覆って」「上に」「向こうに」などの用法が生じる。jump *over* the fenceは

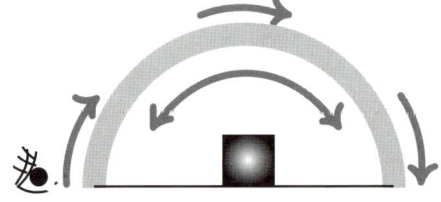

「フェンスを飛び越える」。spread butter *over* the bread は「バターをパン(全体を覆うよう)に塗る」で、on なら「接触」の意味合いで塗る。rule *over* the land(その土地を支配する)、argue *over* the debt.(借金をめぐって口論する)も全体を覆うイメージがあり、*over* the years(ここ数年にわたって)は過去数年来の時を覆う感じ。The plane is flying *over* the Pacific Ocean.(飛行機が太平洋上空を飛んでいる)では「レベル差」の above も可だが、from Narita to L.A などが加わるとまたがる感じの over がふつう。There is a castle *over* the mountain.(山の向こうにお城がある)は、視線が向こうに越える感じで He's *over* 80 kilos now.(彼は今80キロを越えている)はその応用。

### ◆UNDERは＜(弧を描くように)覆われて＞

under はちょうど over の弧の下の領域。Put your hands *under* the desk.(手を机の下に置きなさい)は、手は真下であれば机とついていても離れていてもかまわない。数にあてはめると、He is *under* 40.(彼はまだ40歳にならない)のように未満を示す。He wears a shirt *under* his sweater.(セーターの中にシャツを着ている)のように、「中」となることもある。

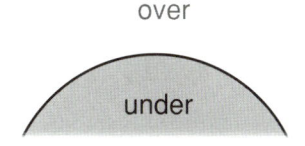

*under* these circumstances(このような状況では)など、状況の下(もと)ともなり、何かに覆われるという感覚から、*under* the table(こっそりと)のような比喩表現も生じる。

### ◆ABOVEは＜あるレベルより上に＞
### 　BELOWは＜あるレベルより下に＞

above と below はレベル差があれば真上・真下でなくてもいい。The sun is *above* the horizon.(太陽は地平線の上にある)は、まだ地平線に接する

前の上方。That math question is *above* me.(その数学の問題は私の理解(のレベル)を越えている)は抽象化された例。

belowもa skirt *below* the knees(膝下のスカート)など物理的な位置を示すものと、This job is *below* you.(これは君がする(レベルの)仕事じゃない)などの応用形がある。「平均より上／下」はabove/below average。

## ACROSS、ALONG、THROUGH、AROUND、ABOUT、INTO、OUT OF、BETWEEN、AMONG

### ◆ACROSSは＜横切って・横切った所に・横切った状態で＞

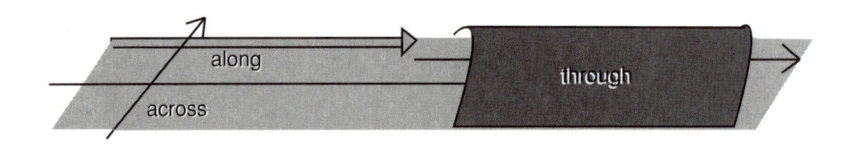

walk *across* the roadは、道を「横切って」歩く。a tree *across* the roadは、視点の置き方によって、「道のむこうの木」と、「道を横たわっている木」という解釈が可能。

### ◆ALONG＜沿って・沿った所に・沿った状態で＞

alongも同様に、jog *along* the bank(土手に沿ってジョギングする)、the factory *along* the bank(土手沿いにある工場)、trees *along* the bank(土手沿いの木々)などがある。

### ◆THROUGH＜通りぬけて・通り抜けた所に・通った状態で＞

throughは、go *through* the tunnel(トンネルを通り抜ける)、Look

at the boy *through* the door.(ドア越しに立っている少年を見てごらん)などのほか、I'm halfway *through* the book.(その本は半ば読み終えた)のような用法もあり、all *through* the night(一晩中)、(from) Monday *through* Friday(月曜から金曜まで)と時間にも応用できる。

### ◆AROUND＜まわり＞とABOUT＜(漠然と)あたり＞

「3時頃」はaround 3 o'clockでもabout 3 o'clockでもOK。しかし、aroundには円周(round)のイメージがあり、aboutはあたりをうろつく感じだ。だから、The earth moves *around* the sun.(地球は太陽の周りをまわっている)でaboutは使わないし、There is something mysterious *about* her.(彼女にはどことなく神秘的な雰囲気がある)でaroundは噛み合わない。

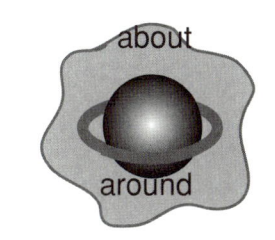

### ◆INTO＜…の中に(入り込んで)＞

内部への移動と移動［変化］の結果を強調する。We ran *into* the house.(家の中に走って入った)の応用でThe car ran *into* the wall.(そのクルマは壁につっこんだ)はわかる。into the wallはめり込む感じ、against the wallだとはね返される感じだ。もうひとヒネリすると、I ran *into* my boss on the street.(私は道で上司にでくわした)が得られる。入り込むイメージから、Are you *into* aerobics?(エアロビクスにはまってるの?)ともできる。変化の結果を示す例には、put the sentence *into* Spanish(その文をスペイン語にする)、divide the girls *into* four groups(少女たちを4つのグループに分ける)などがある。

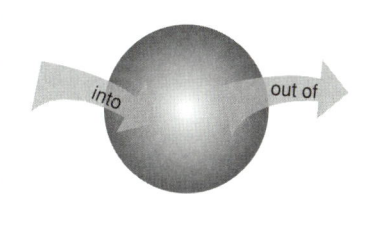

### ◆OUT OF＜から外へ＞

out of は、場所から出ていく、または、望ましい状態から外れる

状況を示す。run *out of* the room(部屋から走って出てくる)から、We're running *out of* money.(金がなくなる)をとらえると、自分たちが金から走り出していくから無くなるとなる。ネガティブなニュアンスをもつイディオムに*out of* order(故障中で)、*out of* hand(手におえない)などがある。

### ◆BETWEEN((互いの)あいだ)、AMONG((みなの)あいだ)

betweenは二者のあいだ、amongは三者以上のあいだを示すことが多いが、対象を個別にとらえればan agreement *between* the three countries (三国間の合意)のようにも使える。amongは複数を漠然ととらえるので *among* the crowd(人ごみの中に)などの表現がある。

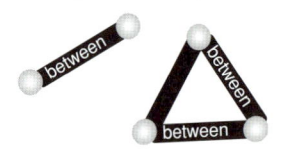

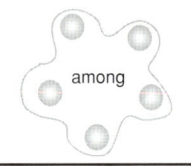

## 副詞のイメージ展開 (up、down、out、off)

### ◆UP＜上へ＞

upは＜上へ＞から、*clean up* the table(テーブルをきれいに片付ける)の「仕上げ」、*catch up with* them(彼等に追いつく)の「追い上げ」、He didn't *turn up*.(彼は姿を現さなかった)の「参上」、*come up with* a nice idea(いい考えを思いつく)の「浮上」などへと展開する。

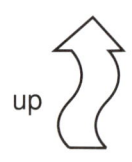

### ◆DOWN＜下へ＞

downは＜下へ＞から、「落ちつく」または「落ち込む」が生じる。たとえば、He *settled down* and got married.(彼は落ちついて身をか

ためた)、I'll never *let* you *down*.(君をがっかりさせたりしないよ)のように。

## ◆OUT＜外へ＞

outは＜外へ＞から、Time is *running out*.(時間がなくなりつつある)の「出ていく(なくなる)」、The book will *come out* in two months.(その本はあと2カ月で出版される予定だ)の「出てくる(現れる)」、*carry out* the plan(計画を遂行する)の「(最後まで)出しきる」、*figure out* the problem(その問題を解く)の「(答えを)出す」、*set out* to do(……し始める)の「(やり)出す」などが派生する。

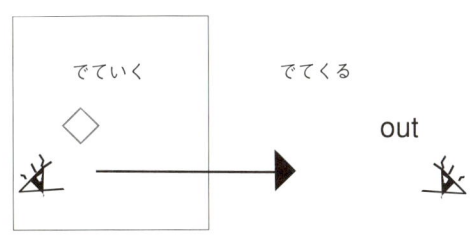

## ◆OFF＜離れて＞

スイッチオフのイメージから「分離」と「中断」でとらえられる。Let's *put off* the meeting.(会議を遅らせよう＜離して＋置く＞)、*call off* the game(ゲームを中止にする)など。

## ◆動詞＋副詞のイディオム

動詞に副詞がくっついて、動詞熟語を作ることがある。ここでの副詞は前置詞と同じように空間的な意味をもちながら、名詞に直接はたらきかけないものと考えればいい。

このときは基本的に、副詞が動詞の意味を「拡張」または「強調」する。たとえば、pick upで「つまみあげる」「覚える」などとなるのはupがpickの意味を拡張するためで、clean upで「すっかりきれいにする」となるのはupが動詞の意味を強調するため。

動詞＋副詞のイディオムには、以下の4つのパターンがある。例文の空所を埋めながらそのニュアンスを確認してみよう。

① **副詞の状態になるcome、go、turnなど**
*e.g.* Medicine bottle caps don't come (　　) easily.
(クスリのビンのフタは容易にはあかない)

② **副詞の状態にするput、get、letなど**
*e.g.* Let me (　　).(ここから出してくれ)

③ **副詞の状態を維持するhold、keep、stayなど**
*e.g.* She held (　　) her tears.(彼女は涙をこらえていた)

④ **動詞の行為を行い、副詞の状態にするtake、break、kickなど**
*e.g.* She took (　　) the position of chairperson.
(彼女は議長の立場を引き継いだ)

最後に、*put on*…(……を身につける)と*get on*…(……に乗る)の違いについてふれておこう。*get on* the train のon は後ろの名詞との接触を示す前置詞だからon の位置は動かせない。一方、*put on* your coatのonは動詞の意味を拡張する副詞なので*put* your coat *on*もOKだ(代名詞では必ず*put* it *on*の語順になる)。これは、put your coat *on* (your body)〜*put* your coat *on*〜*put on* your coatのように、your bodyが当然のものとして省かれ、やがて身軽になったon が動詞put と合体したと考えられる。

*Take off* your shoes.(くつを脱ぎなさい)と The plane *took off* on schedule.(飛行機は定刻通りに離陸した)が同じ take off なのも不思議に思えるが、靴が身体から離れるのと同様に、飛行機の機体が地面から離れると考えればナルホドと思える。ここでもやはり、空間的イメージが決め手だ。

①〜④の答え：off, out, back, over

## 前置詞のはたらき

## EXERCISES

以下の文章は、茨城の鉄郎少年がある炭坑跡に落ちてしまって偶然ある発見をしたという話。カッコのふさわしい語を選んで、ストーリーをつないでみよう。

It happened (1 in / over) the mountains (2 of / from) Ibaraki. Planks of rotted wood covered an abandoned mine shaft left (3 to / by) the coal miners (4 off / from) the early Meiji Era.

Tetsuro, (5 with / by) childish curiosity, peered (6 out / into) the deep hole, looking (7 through / for) the spaces (8 to / between) the planks of wood. Suddenly the wood gave way (9 by / to) his weight and he went tumbling (10 down / up) deep (11 into / on) the darkness.

There was barely enough daylight streaming (12 through / above) the open hole. Fearlessly he looked (13 around and about / down and out) and decided (14 to / on) his direction. Tetsuro climbed through a makeshift airway. (15 In / From) a pile of rocks he saw a chain, and hanging (16 up / from) the chain was an old pocket watch (17 with / about) a name inscribed. It read "Tetsuo."

After being rescued, Tetsuro showed the watch (18 to / with) his grandmother. (19 Among / With) tears (20 in / below) her eyes she told the story (21 to / of) how his grandfather died (22 from / in) that mine. That watch was a wedding present (23 from / to) his grandmother.

# PART 2

スピーキング
**チャンキング英会話のすすめ** ▸▸▸ *p.156*

リスニング
**チャンク・リスニング** ▸▸▸ *p.172*

リーディング
**チャンク・リーディング** ▸▸▸ *p.202*

# 実践編

文法は文法のためにあるのではありません。実際のコミュニケーションの現場で、チャンクを使った考え方は、さまざまに応用することができます。Part2　実践編では、チャンクの考え方を発展させて、もっと自由に話したり、聞いたり読んだりする方法をみていきましょう。

# 1 ▶▶▶ スピーキング

# チャンキング英会話のすすめ

日常的な会話は「文の連鎖」ではなく、「断片の連鎖」(チャンキング)で成り立っています。「自然な会話」は「文法的に正しい会話」とは違います。「正しい英語を話す」という気持ちから解放されて、チャンキングでもっと自由に話してみましょう。

◆ **はじめに**

「文法って何だろう？」と聞かれたら、たいていの人は「それは文をつくるルールだ」と答えるだろう。実際に、そういうルールに従って文を書いたり読んだりしているし、学校の英語でもふつうそう教わる。けれども、文を中心とした文法では、説明しきれないものもある。それは日常の何気ない会話だ。以下の例のように、ふだんの会話では、文が完結しないことがよくあるのだ。

**CD No.02**

A : It's much more fun before they fall in love with you, isn't it? When you're trying to get them.
〔相手が自分のことを好きになるまでのほうが、はるかにおもしろいね。なんとかこっちに振り向かせようとしているときがね〕

B : Right. You do a lot of good things for her, you know -- and she's just like, not giving you the time of day.〔そうそう。彼女にいろいろいいことをしてあげてさ――それなのに、彼女のほうはまるで、(時間を聞いても答えてくれないくらい)冷たかったりしてね〕

ここで[when you're trying to get them]だけを取り出してみると、これはいわゆる従属節で、文としては完結していない。

先行する内容から判断すれば、[before they fall in love with

you]を言い換えたのだということはわかる。しかし、文を単位にすると、この発話は「不完全な文」ということになってしまう。さらにつっこみを入れてみれば、before they fall in love with you と when you're trying to get them とでは、主語が they から you に変わっているし、Bの応答でも、and she's just like... と not giving you the time of day はピッタリ文としてはおさまらない。

ところで、AとBは英語を母語とする人たちだが、彼らは文法的に間違ったことをしゃべっていると考えるべきなのだろうか。そうではない。むしろ、日常会話では、こういう断片的な表現を連鎖させることによって、会話が組み立てられていくと考えるほうが自然だ。

ちょっと考えてみれば、私たちは文を単位にして会話をしているわけではないということに気がつく。むしろ、いいたいことをいおうとして、断片をつむいでいく、その結果として文が生じるに過ぎない。

すなわち、会話においては、文として完結するか否かにかかわらず、断片をつむぐことでいいたいことが伝えられる。要するに、日常の会話は「文の連鎖」ではなく「断片の連鎖」によって成り立っているのだ。

### ◆会話の文法はチャンクの作り方とチャンキングの仕方でなりたつ

本書では「断片」のことを「チャンク(chunk)」、「断片の連鎖」のことを「チャンキング(chunking)」と呼んでいる。とすると、「会話の文法」(grammar in interaction)は、チャンクの作り方とチャンキングの仕方によって成り立つといえる。これは、会話だけでなく書きコトバにも当てはまる。

ただし、「会話の文法」では、いいたいことを思いつくまま表現するために、情報を必要に応じて追加するという「情報追加の原理」に従うだけでなく、状況に柔軟に対応しつつ「軌道修正」もはかられる。チャンキングの仕方でいえば、それが必ずしも直線的には進まずに、言い直したり、言い淀んだり、繰り返したり、話題を放棄したりするといったことが頻繁に起こる。つまり、「正しい文」という見方か

らすると、日常会話では文にすらならない場合がとても多いのだ。
　しかし、ここで忘れてはならないのは、チャンクの中身そのものは文法にかなっているということである。上の例でいうと、she's just like も not giving you the time of day もしっかりとチャンク形成のルールに従っている。本書では、すでに名詞チャンクと動詞チャンクを中心に、チャンクの作り方については説明しているので、それを前提に、日常会話でどういうチャンキングが行われているかに注目してみたい。その点について論じる前に、チャンクという単位の仕切り方についてふれておこう。

### ◆チャンクの決め方

　チャンクは、基本的には、ある種の「意味のまとまり」のことで、その基準としては以下の3つがある。

①言語単位による基準：句と節はチャンクとなる。
②慣用による基準：慣用化した表現はチャンクとなる。
③息継ぎによる基準：会話では、息継ぎもチャンクの切れ目となる。

　最初のふたつの基準は、書きコトバにおけるチャンクにもあてはまる。どちらも「意味のまとまり」という要件を満たしている。
　最初の基準についていえば、例えば、Both Coke and Pepsi contain too much sugar. (コカコーラもペプシも砂糖がたくさん入りすぎている) という文は、Both Coke and Pepsi という句(チャンク)と contain too much sugar という句に分けることができる。あるいは、Both Coke and Pepsi contain too much sugar. でひとまとまりの節チャンクともなり得る。
　一方、I don't know whether he had a good time or not. (彼が楽しかったかどうかはわからない) は、I don't know と whether he had a good time or not という節チャンクに分けることができる。

二番目の基準についてはどうだろうか。どの言語でも、慣用化された表現というものがあって、それは考えるまでもなく自動的に解釈される。たとえば、Could you please...? は明らかに「依頼」だとわかるし、You could say so, but...とくれば「反論」が始まるぞと予期できる。I'm sorry. や See you later. や How're you doing? などの慣用表現もみなチャンクとみなせる。
　さらに、The grass is always greener on the other side of the fence.(隣の柿はおいしそうに見えるもの)などのように、文相当の表現でも決まり文句となっていれば、やはり慣用的なチャンクとみなすことができる。
　日常会話でも、基本的には言語単位と慣用のふたつがチャンクを決める。それらに加えて、会話では、息継ぎという生理現象もまたチャンクを仕切る基準となる。人はどこかで息継ぎをしなければならないけれども、意味が壊れてしまうようなところでは、ふつう息継ぎはしない。逆に、句や節は意味のまとまりを示すから、息継ぎの地点ともなりやすい。
　とはいえ、日常会話では、以下の例に見られるように、話しながら表現をつむいでいくのであるから、最初から句や節が明確に位置づけられているわけではない。

**CD No.03**

**A：[No], [this has haunted me for a long time, [because he didn't have a lot of money]. [He didn't come from a]--[you know that kind of situation]. [And he was a really nice guy]...[and he just wasn't my crowd], [you know that kind of thinking]?**

〔このことが、ズーッと心にトゲみたいにひっかかっててね。彼はあんまりお金持ちじゃなかったのよ。お家があんまり――ね、そういう事情の子でさ。すごくいい人だったんだけど、私が仲良くしていたグループの子じゃなかったのよ。わかるでしょ〕

　つまり、いいにくいことをいうとき、うまく表現がまとまらないとき、あるコトバを思い出せないときなど、句や節の切れ目以外のところでも息を継ぐことがある。上の例では、He didn't come from a のところで息を継ぎ、いいかけた内容を放棄し、you know that kind of situation に引き渡している。

### ◆連鎖反応としてのチャンキング

　日常会話では、何かを話そうとする場合、完全な文がいきなりアタマに浮かぶことはあまりない。むしろチャンク(断片)が連想され、それがまた別のチャンクを呼び起こすという連鎖反応--チャンキング--が行われる、ということをこれまで見てきた。

　次の例は、米国での賭博に対する政府対応について話している場面のひとコマだが、チャンキングの特徴をよく表している。

CD No.04

**In the States, when they first started the lottery and a lot of the states were saying, "No, no, no, we don't allow gambling. You can't gamble," and they changed the law because they realized how much money the state could make.**

　これをチャンクに切り分けてみると、以下のようなチャンキングが行われていることがわかる。

**[In the States],** 〔米国では〕
**[when they first started the lottery]** 〔彼らが宝くじを始めたときは〕
**[and a lot of the states were saying],** 〔多くの州でいってたよ〕
**["No, no, no, we don't allow gambling.]** 〔だめだめ。賭博は認めない〕
**[You can't gamble,"]** 〔賭博はしちゃいけないんだ、と〕
**[and they changed the law]** 〔そして、法律改定をしたのさ〕
**[because they realized]** 〔というのは彼らもわかったんだね〕
**[how much money the state could make].** 〔どれぐらい儲かるかってことが〕

　この流れの中で、[when they first started the lottery] のと

ころに注目してみよう。ここでは、この従属節を閉じるための主節がすぐには出てこないで、そのまま [and a lot of the states were saying...]と、意味的には関連していても、文法的にはつながらないチャンク(群)をたしている。また[a lot of the states were saying...]を連鎖的に受けて [and they changed the law]とつないでいる。ここでの and は「そんなことをいっていたくせに」という意味あいで、先行するチャンクをつなぐ機能をはたしている。

　私たちが英語を話そうとするとき、文を頭の中で作ってからそれを口に出そうとする人が多い。ところが、これはリアルな会話のあり様に反している。会話の中で完全な文を作らなくてはならないと思うと、負荷が高過ぎて自然なやりとりが犠牲になってしまう。文法的に正しい文だけをつないで思いを表現しようとすると、話す前に頭の中で行う編集作業が、対話的やりとりのインターバルで処理できる容量を超えてしまい、それがうまくいったとしても、結局、どことなく、せわしなく、ぎこちないやりとりになってしまう。
　こういうのもおかしいけれども、文法的に正しい英語は、会話ではかえって不自然さを生み出してしまう。なぜなら、日常会話は、文の連鎖ではなく断片の連鎖によって行われ、そのチャンキングでは、必要に応じた情報の追加と軌道修正が絶えず行われるのが本来だからだ。そうした軌道修正があってこそ、会話は自然なものに保つことができるのである。
　つまり、自然な会話に参加するためには、「文を作る」という義務感から解放される必要がある。もう一度繰り返すと、発話の単位は文ではない。チャンクを連鎖的に使いながら、いいたいことをいう。これが、会話の自然の姿なのだ。
　もうひとつ例を見てみよう。「もし動物だとしたら何になりたい。子猫かなにか？」とAに聞かれてBは次のように答え、会話が進む。

**B: Oh, probably ... no, a large cat, something like a**

**panther. Running free, roaming the deserts ...** 〔うーん、たぶん、そうではないね。大きな猫かな、パンサーのような。自由に走りまわって、砂漠をさまようような〕
**A: And eating small animals -- rabbits and stuff.** 〔それで、小さな動物を食べるんでしょう。うさぎみたいな〕
**B: Well, you got to eat, you know ... which is funny, being a vegetarian in this human body, I would choose, yeah, but um, yeah, a big animal.** 〔そうだね、結局食べなくちゃね。でも、考えてみるとおもしろいね。この人間の身体は菜食主義者なんだけど、選ぶとなったら、そうなんだ、うん、そう大きい動物なんだからね〕

　最後のBの答えを情報の流れにそって、チャンキング分析してみよう。

《相手の発話を受けて反応する》
**Well, you got to eat,**
(そうね、結局食べなくちゃね)

　　　　　《話題を放棄する》
　　　　　**you know ...** (でも考えてみると)

《思いついた意見を唐突に述べる》
**which is funny,** (おもしろいね)

　　　　　《上の意見の説明に入る》
　　　　　**being a vegetarian in this human body,**
　　　　　(この人間の身体は菜食主義者で)

《言い切るのを躊躇する》
**I would choose ...** (選ぶとしたら)

　　　　　《ためらい表現を使いながら自問自答する》
　　　　　**yeah, but, um ...** (そうなんだ、うん)

《結論づける》
**yeah, a big animal.** (そう、大きな動物なんだからね)

Bは Well, you got to eat (確かに、食べなくてはね)といいかけて、情報を完結させないまま、you know で間をつなぎ、which is funny (おかしな話だけどね)といきなりコメントを加えている。そのコメントの説明にあたるのが、残りの部分だ。being a vegetarian in this human body (私はベジタリアンなのに)といって、I would choose とたしたものの、それに自問自答しようとして、yeah, but, um ...(そうなのよ確かに。でも、どういうか)とためらい表現をはさみ、そして、yeah, a big animal (そうなのよ。大きな動物をね)と結論づけている。

この例のように、you know とかyeah, but um... などの表現を使うことで、コトバに詰まったときなど、流れをうまく調整することができる。ここではためらい表現をうまく使いながらチャンク連鎖が行われている様子を見てとることができる。

何度も述べているように、この例からも、会話では、文を完成させることが目的なのではない、ということがよくわかるはずだ。とにかく、いいたいことをいう。それが大事だし、またそれが自然なのだ。

チャンクで表現することを実践するには、「正しい英語を話す」という気持ちからも解放されなければならない。正しい英語という場合の正しさは文法的正しさを指すことが多いが、それは書きコトバの文法における正しさを基準にしていることが多い。よく「ブロークン英語でもよい」などといわれるが、「ブロークン」という表現そのものに問題がある。

書きコトバの文法からみれば、上の自然な会話場面での例は「ブロークン」ということになる。しかし、それが自然な会話であり、会話の文法にかなった発話なのだ。つまり、「自然な英語」と「文法的な英語」は必ずしも一致しない。まず、このことをきちんと認識することが、「正しい英語」の呪縛から逃れるためには必要なのだ。

### ◆会話における共同作業

これまでは、会話の当事者の視点で、チャンキングについて見てきた。しかしここで、会話は自分ひとりでするものではなく、あくま

で共同作業 (joint action)であるということを改めて強調しておきたい。会話とは、いわば、参加者が共同で作り出す出来事である。それが出来事として成立するためには、会話の流れを作り、流れに乗り、流れを変える、という共同作業が前提として必要となるのだ。

ではここで、会話の参加者が共同してチャンクを連鎖させながら、コトバのやりとりが展開される例を見てみよう。

**CD No.06**

**A: Any gamblers out there? Anyone placing bets?**
〔ギャンブラーはいるかい？　賭をする人は？〕
**B: Not here. I don't really gamble.**
〔ここにはいないよ。オレはギャンブルなんてしないよ〕
**C: You gambled with your life coming to Japan. Yeah, I think you've come out on the winning side.**
〔日本に来るのに人生を賭けたじゃないか。本当に、どうやら賭けに勝ったみたいだけどね〕
**B: Oh, well, thank you.**
〔まあ、そういってくれるとうれしいよ〕
**D: There's a difference. That's not gambling. That's a calculated risk.** 〔違うんじゃないかな。計算された危険とギャンブルというのでは〕
**C: Which is something there is not.** 〔ところが違わないんだ〕
**A: That's what gamblers would say.**
〔と、ギャンブラーたちはいうけどね〕
**D: That's what gamblers would say but it's not necessarily true.** 〔ギャンブラーたちはそういうけど、必ずしもそうじゃない〕

ここでは共同作業を進めるのに「繰り返し」が有効に使われている。gambling が話題の中心にあり gambling、gambler、gamble が繰り返し使われている。反復の端的な例として、That's what gamblers would say. とAがいい、それを繰り返しながらDは意見を述べている。このように反復には、会話のリズムを作り、断片への引き込みを可能にし、相手との同調関係を生み出す効果がある。

## ◆話の流れを調整・確認するマーカー(談話標識)

　チャンキングがなされるところでは、息を継ぐことが多い。しかし、そこで単に息を継ぐだけではなく、I mean、you know、well、so、anyway、likeなどの表現を、話の流れを調整・確認するマーカーとして差し挟むこともよくある。

　これらの表現は、会話では、リズムを調整する道具(rhythm-making device)として生かすことができる。いいたいことがすぐに出てこないときに、間をつないだりするのにも有効だ。

　また、共同作業としての会話においては、これらのマーカーは対話的な相互確認の機能をもはたす。

## ◆you knowとI mean

　ここでは、you know と I mean のその種の働きについて少しみておこう。You know what I mean. とか I know what you mean. という表現から読みとれるように、これらの表現は「意図」や「解釈」と深くつながっている。

　会話では、意図と解釈をすり合わせることが主な課題であるが、まさに、I mean は「意図」を、you know は「解釈」をそれぞれ示す表現だ。

　つまり、I mean ということで、話し手は自分の「意図」を確認しようし、you know ということで、相手の「解釈」の確認をとりつけようとする。したがって、you know what I mean は「意図が伝わっているかどうか」を問い、I know what you mean は「意図を解釈している」ことの印となる。ここで取り上げた、you know と I mean は You know what I mean. の構成要素であり、話し手の立場から出てくる表現だ。

---

●脚注:「談話標識」とは、ディスコースマーカー(discourse markers)の訳語。「談話(ディスコース)」は、さしあたり、「ある一定の流れや展開をもつ話」と考えておけばいい。会話では、I mean、you knowなど、間合いをとったり、話しの流れを確認したりするマーカーが注目すべき役割を果たす。また、これら以外に、ディスコースマーカーと呼ばれるものとして、論理展開のシグナルとなるようなものもある(*p.*104参照)。

you know や I mean を多用するのは、「はしたない」とか「きたならしい」などといわれたり、言語の乱れの兆候とみなされることさえある。しかし、I mean（意図の組立）と you know（その伝達可能性）を絶えず意識する生の会話では、意味づくりの現場を(編集作業にかけないまま)互いにさらけ出してこそ、日常言語のあるがままの姿を表しているといえるだろう。

## ◆おわりに：対話と英語教育

### キャッチボールのメタファー

　最後に、対話的な視点が英語教育にどんな示唆を与えるか考えてみたい。英語教育を支えるコミュニケーション観は、次のようなものである。一方にいいたいことがあって、それを一番よい条件のもとで伝え、それを相手がそのまま「誤解」なく了解したとき、コミュニケーションの効果は最大となる。これは、「キャッチボール」のメタファーで表現されるコミュニケーションのとらえ方だ。これによると、話し手はあらかじめ伝達内容を知っていて、それを言語を媒介にして相手に伝える。だから、その際、媒介としての言語の「正確さ」と「適切さ」が問題になる。

　つまり、言語表現は文法的に正しいものが理想とされ、また、それぞれの場面に応じた「適切な」表現の選択をすることが理想となる。これらのふたつの条件が満たされれば、言語媒介としては申し分なく、コミュニケーションも滑らかに進むはずだ。

### 意味を調整しながら会話を進めていく対話型

　ところが、実際の会話では、話し手の意図すらはっきりしないことがあるし、解釈においては「誤解」は避けられないことが多い。会話の全体像は始めから与えられているのではなく、共同作業の中で作られていくものだ。しかも、この共同作業は、誤解だとか、完全にはわかり合えないというもどかしさを感じながら、進めていくしかない。そこで求められるのは、絶えざる意味調整(negotiation of meaning)なのだ。

スピーキング　実践編

　英語教育の分野では「発信型」という表現がよく使われる。これは、過度の「受信型」に対する反省としては大きな意味を持つ。しかし、発信型はモノローグに根ざした発想で、そこから先へ向かわない。対話はダイアローグであり、終わりなきコトバのやりとりである。発信型では、ひとりで上手に英語を話すことを目指して、そこで完結してしまう。一方、対話型では、相手と協働し、相互に依存しつつ、お互いが意味の調整を絶えず行いながら、会話を進めていくことが強調される。ゆえに、相互理解への道も開けてくる。

### 発信から対話へ

　発信から対話への移行は、「規範」についての考え方にも影響を与えずにはおかない。発信型は、いかに効果的に思いを伝達するかということに重点を置いて、その条件として「正確に、適切に」を追求してきた。この「正確に、適切に」の基準はどこに求められるのか。いうまでもなく、英語を母語とする人たちの規範にである。しかし、その種の規範を絶対視すると、外国語として英語を使う人たちが、対等の対話者とみなされることはありえないということになる。いつまでたっても、母語として英語を使う人が正しく、そうではない自分が間違っている、という負い目から抜け出せなくなってしまう。

　もちろん、だからといって、いきなり相手の規範など無視してもいいというのは行き過ぎだ。英語でコミュニケーションをはかろうとする以上、その規範を完全に無視するのは、英語の使用そのものを否定することと等しい。この規範のありかの問題にこそ、「国際英語」という視点のむずかしさがあるといっていい。

　しかし、対話型を旨とする調整モデルに従えば、実は規範とされるものも、対話的関係の中である程度は調整可能だという発想になる。そうすると、英語という言語で会話をする際にも、まずは、互いを尊重し分かり合おうとする姿勢が大切であり、また、それを可能とするためにも、自分の英語を卑下せず堂々と使っていく心構えが不可欠だということになるだろう。

## ▶▶▶ エクササイズ

解答はp.247

①次の会話をチャンクに切り分けてみよう。　CD No.07

A: When they leave the pachinko parlor and they go out with their prizes, they take them around the corner ... yeah.

B: And often the place where you cash in your ... your little chips or whatever you win, it's right beside a koban.

A: Yeah, I know. It's so funny. Maybe here it's ... maybe here the under-the-table stuff is a little bit more obvious, I think.

C: So it's not really under the table, it's, like, under the ... maybe under the chair.

A: Or maybe under the cellophane 'cause you can see it. Underneath the glass table.

スピーキング　実践編

### ヒント

[1]パチンコで獲得した景品を現金にする場面について話し合っているが、under the table という断片表現が引き込みの対象となっている。

> under the table
> not under the table
> maybe under the chair
> maybe under the cellophane
> underneath the glass table

[2]軌道修正の原則もみられる。Maybe here it's ... といいかけて、それを放棄し、再度、Maybe here ... を試み ... the under-the-table stuff is a little bit more obvious, I think. と締めくくっている。

[CD No.08]

②TOOLBOXのチャンク表現を利用しながら、BのからAに対して応答してみよう。矢印の下の英語のチャンクにつながるように、Bの日本語の訳を参考に、英語でチャンキングしてみよう。

A: You know, both Tokyo and Kyoto are hot in summer. I'd like to stay away. (東京も京都も夏は暑いよ。離れていたいもんだね)

B:
でもね (　　　　)、
僕にとっては (　　　　)、
夏は東京のほうがずっとひどいよ (　　　　).
息もできないし (　　　　).
ただ暑い (　　　　).
京都も暑いかもしれないけど (　　　　)
周りに木や空なんかがあるからね (　　　　)、

⬇

so it's not nearly as oppressive.
(だからそんなにうっとうしくはないよ)

**TOOLBOX**
**to me**
**You can't breathe**
**Tokyo is far worse in the summer**
**But you know**
**It's hot**
**Kyoto may be hot but**
**there's trees and sky and stuff around**

## 実践編 スピーキング

CD No.09

③イラストを見て、何か自分で人にいってみたいことをイメージしてみよう。そして与えられた語句を使って、自分の思いを英語にしてみよう。

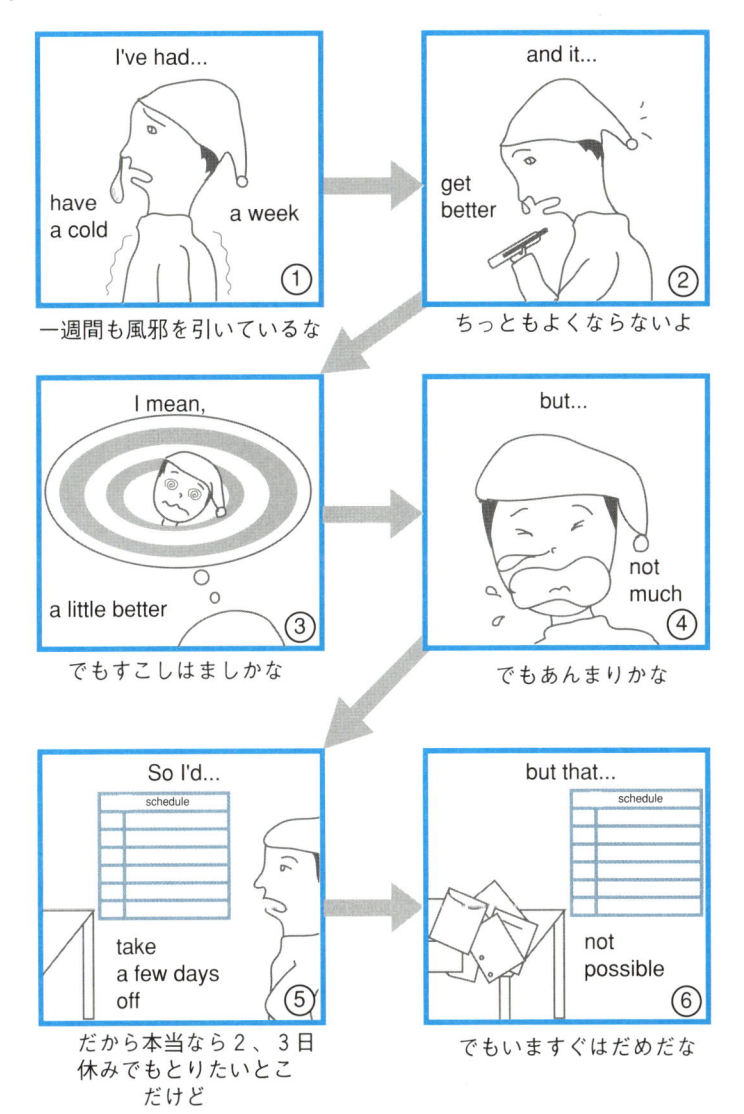

**①** I've had...
have a cold / a week
一週間も風邪を引いているな

**②** and it...
get better
ちっともよくならないよ

**③** I mean,
a little better
でもすこしはましかな

**④** but...
not much
でもあんまりかな

**⑤** So I'd...
schedule
take a few days off
だから本当なら２、３日休みでもとりたいとこだけど

**⑥** but that...
schedule
not possible
でもいますぐはだめだな

# 2 リスニング

## チャンク・リスニング

リスニングで一番大切なことは、あと戻りをしないで順に意味を理解できるようになることです。このときの強力な武器になるのが《チャンク》です。ここでは「順送り理解」をトレーニングを通して身につけましょう。

◆はじめに

　このチャプターでは、チャンク英文法の発想を使ってリスニングの練習をする。

　リスニングで一番大切なのは、「順送り理解」、つまり、あと戻りしないで順にチャンクごとに意味を理解することができるようになることである。これまではリスニングといえば、日本語とはかなり違う英語の発音に慣れて、どのように英語の音声を認識していくかに焦点が当てられていた。ところが、音声の認識はリスニングの入り口の問題である。音声が認識できても、音から意味がわからなければ、結局のところ理解はできない。では、どうすれば認識できた音声から意味を組み立てていくことができるだろうか。

　リスニングはリーディングとは違い、いったん英文を読んでから前に目線をあと戻りさせて読み返すことができない。聞いている情報からどんどんと意味を頭の中で組み立てていく必要がある。つまり「順送り理解」をする必要があるわけだ。その際に強力な武器になるのがこの《チャンク》という発想なのだ。

　《チャンク》とは意味のかたまりである。意味のかたまりごとに頭の中で意味を組み立てていけば、あと戻りをしなくてもすむ。この「順送り理解」に慣れること、これがリスニングでは重要なのだ。

　では、具体的にどのように《チャンク》を聞きながら認識できる

のだろうか。そのひとつの指針を示そう。

### ◆リスニングにおける≪チャンキング≫

　話し言葉の場合には≪息継ぎ≫がある。伝えたい思いを一気にひとつの意味のまとまりとしてしゃべり、息継ぎをする。その息継ぎの場所が意味のまとまりの指針になる。

　また、書き言葉とは違って、大切な情報はゆっくりと大きい声で発声されることが多い。逆に、英文を組み立てるためには必要だが情報伝達のためには大して重要ではない機能語は、それほど強く発声しない。このような音声の強弱によってもある程度チャンクの区切りが認識できる。

　そうはいっても、現実の会話や話し言葉の場合は、その場の雰囲気や話の流れで、文法的にはちょっとおかしいと思われる部分で区切られることもあるので、あまりチャンクの区切りを絶対的なものと考えないで、大まかに意味のまとめを捉えるための指針になる、という程度に了解してうまく活用していこう。

### ◆リスニングの自動化のための訓練

　これも従来のリスニングの勉強には欠落していた視点だが、リスニングが本当にできるようになるためには、何度も繰り返し≪訓練する≫ことが重要だ。はじめて聞いた英文は意味を取ろうと必死になる。ところが同じ素材を用いて訓練を繰り返すことでリスニングが負担なく自動的にできるようになる。訓練を繰り返すことで、次に新しく聞く英文がよりよく理解できるようになるわけだ。順送り理解のしかたに慣れて、そのやり方が定着してくるからである。そのための訓練として、従来使われていた練習方法に加えて、同時通訳の訓練法を少し用いて練習をしていく。訓練メニューは

- ディクテーション
- シャドーイング
- リピーティング
- リプロダクション

を中心に扱う。これらの訓練を通じて、≪チャンク≫をうまく利用した効果的なリスニングの訓練方法についてもマスターして、今後のリスニングの訓練に役立ててほしい。

では、はじめよう。

# 会話のリスニング・トレーニング①

前のチャプターでは、スピーキングにおける≪チャンキング≫について勉強しました。このチャプターではまず、スピーキングにおけるチャンキングの発想を利用して、会話を聞き取る訓練をしましょう。会話でのチャンクの切れ目の目安は以下の通りです。

① 言語単位による基準：句と節はチャンクとなる。
② 慣用による基準：慣用化した表現はチャンクとなる。
③ 息継ぎによる基準：会話では、息継ぎもチャンクの切れ目となる。

**訓練1 ▶ リスニング**　　　　　　　　　　**CD トラックNo.10**

まずは、リスニングでのチャンキングに慣れるための練習をやってみます。ひとつ目の会話を聞いてみましょう。

**A:** I guess the company is starting to contribute to energy conservation.
**B:** That's right. The factory has reduced high temperature emissions substantially.
**A:** And the office air conditioner no longer runs all day, thanks to that new system.
**B:** And look at the sales staff! Many drive fuel efficient cars.
**A:** What about us? We get to wear these light and cool

uniforms.
**B:** Aren't they great? They have great ventilation but look like luxury wear.
**A:** I almost want to get one for my father.

## 訓練2 ▶ スラッシュ入れ　　CD トラックNo.11

　今度は、この会話にスラッシュを入れる練習をします。まずは③の基準に従って、息継ぎのところにスラッシュ／を入れます。以下の文にスラッシュを書き込んでみましょう。

**A:** I guess the company is starting to contribute to energy conservation.
**B:** That's right. The factory has reduced high temperature emissions substantially.
**A:** And the office air conditioner no longer runs all day, thanks to that new system.
**B:** And look at the sales staff! Many drive fuel efficient cars.
**A:** What about us? We get to wear these light and cool uniforms.
**B:** Aren't they great? They have great ventilation but look like luxury wear.
**A:** I almost want to get one for my father.

　さあどうでしたか。うまくスラッシュが入れられましたか。うまくできない場合は、何度も聞きなおしてやってみましょう。では、次に答えを記しますので、確認しながらもう一度聞いてみましょう。

**A:** I guess the company is starting to contribute to energy conservation. /

**B:** That's right. / The factory has reduced high temperature emissions substantially. /
**A:** And the office air conditioner no longer runs all day, / thanks to that new system. /
**B:** And look at the sales staff! / Many drive fuel efficient cars. /
**A:** What about us? / We get to wear these light and cool uniforms. /
**B:** Aren't they great? They have great ventilation / but look like luxury wear. /
**A:** I almost want to get one for my father. /

意外と③の息継ぎを基準にするとチャンクの単位が長くなります。これでは最初はややわかりにくいので、①②の基準を使ってもっと細かいチャンクに区切ってみます。では、細かい区切りのある英文を聞いてみましょう。

### 訓練❸ ▶ 細かいスラッシュ入れ　　CD トラックNo.12

**A:** I guess / the company is starting / to contribute to energy conservation. //
**B:** That's right. // The factory has reduced / high temperature emissions / substantially. //
**A:** And the office air conditioner / no longer runs / all day, / thanks to that new system. //
**B:** And look at the sales staff! // Many drive fuel efficient cars. //
**A:** What about us? // We get to wear / these light and cool uniforms. //
**B:** Aren't they great? // They have great ventilation / but look like luxury wear. //

**A:** I almost want to get one / for my father. //

　どうでしたか。チャンクで区切られているほうが理解しやすく思いませんでしたか。

### 訓練4 ▶ チャンクごとの意味理解　　CD No.12

　では、ここで意味を確認していきましょう。チャンクごとに意味を捉えます。聞きながら次の訳文に目を通してみましょう。

**A:** I guess / 思うけど
the company is starting / 会社が始めたね
to contribute to energy conservation. // 省エネに貢献するのを
**B:** That's right. // その通り。
The factory has reduced / 工場は減らしているよ
high temperature emissions / 高温を排出するのを
substantially. // 大幅に
**A:** And the office air conditioner / で、会社のエアコンは
no longer runs / もう動いていないね
all day, / 一日中は
thanks to that new system. // 新しいシステムのおかげで
**B:** And look at the sales staff! // 販売スタッフを見てごらん。
Many drive fuel efficient cars. // 燃費のいい車を運転している人が多いよ。
**A:** What about us? // じゃぁわれわれは?
We get to wear / 着るようになってるね
these light and cool uniforms. // この軽くて涼しい制服を
**B:** Aren't they great? // それってよくない?
They have great ventilation / 通気もいいし。
but look like luxury wear. // けど豪華な服に見えるだろ

**A:** I almost want to get one / もう俺もひとつほしくなった
for my father. // 父さん用に

　どうでしたか？　チャンクごとに自然に意味がつかめましたか。
では、先に記した訳文が頭に自動的に思い浮かぶまで何度も英文を
聞いてみましょう。訳文を見ながら聞いてみてもいいでしょう。

　さあ、これで会話の意味はわかったでしょうか。では次の訓練へ
いきましょう。これは、リスニングをしたものを自分でも実際に話
せるようになるための訓練と、よりリスニングがうまくできるよう
になるための訓練の両方を兼ね備えたものです。同時通訳の訓練法
を導入しています。

### 訓練5 ▶ シャドーイング　　　CDトラックNo.10

　この訓練は英文を見ないで行います。ナチュラルスピードの英文
を聞きながら、ほぼ同時に、そのままそっくり聞こえるまま声に出
して発音します。はじめのうちは速さについていくのが難しいかも
しれませんが、がんばってやってみましょう。

### 訓練6 ▶ チャンクごとのシャドーイング　　CDトラックNo.12

　訓練5で戸惑った方は、まだスピードについていくのが難しいと
感じているかもしれません。今度は、やや負担を軽くします。チャ
ンクごとにポーズを入れてありますので、時間の余裕があります。
今度はうまくいくでしょう。では、がんばってください。

### 訓練5 ▶ シャドーイング　　　CDトラックNo.10

　訓練6でチャンクごとのシャドーイングがうまくいったと思いま
すので、再びナチュラルスピードでのシャドーイングをします。今

度は完全にできるまでがんばってやってみましょう。

### 訓練7 ▶ 音読シャドーイング　　CD トラックNo.11

　今度は原稿を見ながらシャドーイングを行います。音声と文字とを一体化させる作業をしてください。そして、完璧にできるまで繰り返します。では、次の英文を見ながらやってください。

**A:** I guess the company is starting to contribute to energy conservation. /
**B:** That's right. / The factory has reduced high temperature emissions substantially. /
**A:** And the office air conditioner no longer runs all day, / thanks to that new system. /
**B:** And look at the sales staff! / Many drive fuel efficient cars. /
**A:** What about us? / We get to wear these light and cool uniforms. /
**B:** Aren't they great?/ They have great ventilation / but look like luxury wear. /
**A:** I almost want to get one for my father. /

### 訓練5 ▶ シャドーイング　　CD トラックNo.10

　もうこれでシャドーイングを仕上げます。訓練7で完璧にできるようになっているはずですから、スピードにも十分ついていけるはずです。

### 訓練8 ▶ チャンクごとのリプロダクション　　CD トラックNo.13

　今度は口頭で英文を組み立てる訓練に入ります。これはリスニングの訓練を通じてスピーキング能力も向上させることができる訓練

です。

　この訓練も原稿を見ないでやります。ポーズが入るまではまずは英語を聞きます。そしてポーズのところで、聞こえた英語を口頭で繰り返しいって再現します。では、やってみましょう。

### 訓練9 ▶ リプロダクション　　　CD トラックNo.14

　今度は長い単位でリプロダクションをします。今回は息継ぎの所にポーズを置きます。意味を考えたり内容をイメージ化させてやると、うまくできるはずです。では、やってみましょう。

### 訓練10 ▶ リピーティング　　　CD トラックNo.14

　これは従来の訓練法で、英文を見ながら、リピートをする訓練です。リプロダクションがうまくいかなかった人も、ここで完璧にできるようにがんばってましょう。以下の原稿を見ながらやります。

**A:** I guess the company is starting to contribute to energy conservation. /
**B:** That's right. / The factory has reduced high temperature emissions substantially. /
**A:** And the office air conditioner no longer runs all day, / thanks to that new system. /
**B:** And look at the sales staff! / Many drive fuel efficient cars. /
**A:** What about us? / We get to wear these light and cool uniforms. /
**B:** Aren't they great? / They have great ventilation / but look like luxury wear. /
**A:** I almost want to get one for my father. /

## 訓練9 ▶ リプロダクション　　CD トラックNo.14

　再びリプロダクションです。訓練10を完璧にできるまで繰り返せば、訓練9もうまくできるようになります。ここでリプロダクションを仕上げてください。

　どうでしたか？　リスニング訓練はうまくいきましたか？　今の時点でどのくらい聞き取りができるか、一番初めにやった訓練をやってみて確かめて見ましょう。では、今一度、リスニングをします。英語を聞きながら意味がストレートに理解できることを確認してください。

## 訓練1 ▶ リスニング　　CD トラックNo.14

　以上でひとつ目の会話の訓練は終了です。このレベルの会話のリスニングやスピーキングができるようになるために、さらにもうひとつの会話で練習をしてみましょう。

# 会話のリスニング・トレーニング②

　今回も、リスニングでのチャンキングに慣れるための練習をしていきます。次の会話を聞いてみましょう。

### 訓練1 ▶ リスニング　　CD トラックNo.15

A: Did you bring the bottled water?
B: Oh, I forgot. How many do we need?
A: At least four, two for today and two for tomorrow.
B: But that's going to load us down.
A: Do you have any better ideas?
B: Sure, we could use that new service. You know, where you buy a bottle and refill it for free.
A: Where can we do that?
B: Oh, many supermarkets provide the service, so we can refill on the way.
A: Great!

### 訓練2 ▶ スラッシュ入れ　　CD トラックNo.16

　今度は、この会話にスラッシュを入れる練習をします。まずは③の基準に従って、息継ぎのところにスラッシュ／を入れてみましょう。さきほどの文にスラッシュを書き込んでみましょう。

　さあ、どうでしたか。うまくスラッシュが入れられましたか。うまくできない場合は、何度も聞きなおしてやってみましょう。では、次に答えを記します。確認しながらもう一度聞いてみましょう。

A: Did you bring the bottled water? /

リスニング 実践編

**B:** Oh, I forgot. / How many do we need? /
**A:** At least four, / two for today and two for tomorrow. /
**B:** But that's going to load us down. /
**A:** Do you have any better ideas? /
**B:** Sure, / we could use that new service. / You know, / where you buy a bottle and refill it for free. /
**A:** Where can we do that? /
**B:** Oh, many supermarkets provide the service, / so we can refill on the way. /
**A:** Great! /

### 訓練3 ▶ 細かいスラッシュ入れ　　CD トラックNo.17

では、①②の基準を使ってもっと細かくチャンクを区切ってみましょう。細かい区切りのある英文を聞いてみましょう。

**A:** Did you bring the bottled water? //
**B:** Oh, / I forgot. // How many do we need? //
**A:** At least four, / two for today / and two for tomorrow. //
**B:** But that's going to load us down. //
**A:** Do you have any better ideas? //
**B:** Sure, / we could use that new service // You know, / where you buy a bottle / and refill it / for free. //
**A:** Where can we do that?//
**B:** Oh, / many supermarkets provide the service, // so we can refill / on the way. //
**A:** Great! //

## 訓練4 ▶ チャンクごとの意味理解　　CD トラックNo.17

　では、ここで意味を確認していきます。チャンクごとに意味を捉えます。聞きながら次の訳文に目を通してください。

**A:** Did you bring the bottled water? // ボトル入りの水、持ってきた？
**B:** Oh, / あー、
I forgot. // 忘れた。
How many do we need? // いくついるんだっけ？
**A:** At least four, / 少なくとも4つ。
two for today / 今日の分ふたつ
and two for tomorrow. // と、明日の分ふたつ
**B:** But that's going to load us down. // でもそれだと負担がかかっちゃうなぁ。
**A:** Do you have any better ideas? // 何かもっといい考え、ある？
**B:** Sure, / もちろん。
we could use that new service. // 例の新しいサービスが使えるよ。
You know, / ほら、
where you buy a bottle / ボトルを買った所で。
and refill it / 補給してもらえるよ。
for free. // タダでね。
**A:** Where can we do that? // どこでできるの？
**B:** Oh, / あぁ、
many supermarkets provide the service, // スーパーでそのサービスやってるところ、多いよ。
so we can refill / だから補給してもらえるよ。
on the way. // 途中でね。
**A:** Great! // いいねぇ！

リスニング　実践編

　どうでしたか？　チャンクごとに自然に意味がつかめたでしょうか。では、前ページに記した訳文が頭に自動的に思い浮かぶまで何度も英文を聞きましょう。前ページの訳文を見ながら聞きます。

　さぁ、これで会話の意味はわかりましたね。では次の訓練を行っていきます。前回同様、シャドーイングとリプロダクションを中心に行います。

### 訓練5 ▶ シャドーイング　　CDトラックNo.15

　この訓練5と次の訓練6は英文を見ないで行います。ナチュラルスピードの英文を聞きながら、そのままそっくり聞こえるまま、ほぼ同時に声に出して発音します。はじめのうちは速さについていくのが難しいかもしれませんが、がんばってやってみましょう。

### 訓練6 ▶ チャンクごとのシャドーイング　　CDトラックNo.17

　訓練5で戸惑った方は、まだスピードについていくのが難しいと感じているでしょう。今度は、やや負担を軽くします。チャンクごとにポーズを入れてありますので、時間の余裕があります。今度はうまく行くでしょう。では、がんばってください。

### 訓練5 ▶ シャドーイング　　CDトラックNo.15

　訓練6でチャンクごとのシャドーイングがうまくいったと思いますので、再びナチュラルスピードでシャドーイングをします。今度は完全にできるまでがんばってやってみます。

### 訓練7 ▶ 音読シャドーイング　　CDトラックNo.16

　今度は原稿を見ながらシャドーイングを行います。音声と文字とを

一体化させる作業をしてください。そして、完ぺきにできるまで繰り返します。
　では、訓練2の英文を見ながらやってください。

### 訓練5 ▶ シャドーイング　　　　CD トラックNo.15

　もうこれでシャドーイングを仕上げます。訓練7で完璧にできるようになっているはずですから、スピードにも十分ついていけるはずです。

### 訓練8 ▶ チャンクごとのリプロダクション　CD トラックNo.18

　今度は口頭で英文を組み立てる訓練に入ります。訓練8、9も原稿を見ないで行います。ポーズが入るまではまず英語を聞きます。そしてポーズのところで、聞こえた英語を口頭で繰り返し言って再現します。では、やってみましょう。

### 訓練9 ▶ リプロダクション　　　　CD トラックNo.19

　今度は長い単位でリプロダクションをします。今回も息継ぎの所にポーズを置きます。意味を考えたり内容をイメージ化させてやると、うまくできるはずです。では、やってみましょう。

### 訓練10 ▶ リピーティング　　　　CD トラックNo.19

　これは従来の訓練法で、英文を見ながら、リピートをする訓練です。リプロダクションがうまくいかなかった人も、ここで完璧にできるようにがんばってましょう。訓練2の英文を見ながらやります。

## 訓練9 ▶ リプロダクション　　CD トラックNo.19

　再びリプロダクションです。訓練１０を完璧にできるまで繰り返せば、訓練９もうまくできるようになります。ここでリプロダクションを仕上げてください。

　どうでしたか？　リスニング訓練はうまくいきましたか？　今の時点でどのくらい聞き取りができるか、一番初めにやった訓練をやってみて確かめて見ましょう。では、今一度、リスニングをします。英語を聞きながら意味がストレートに理解できることを確認してください。

## 訓練1 ▶ リスニング　　CD トラックNo.15

　以上でふたつ目の会話の訓練は終了です。このレベルの会話のリスニングやスピーキングができるようになるための訓練方法もこれでおわかりいただけたと思います。

## 講演のリスニング

　今度は、講演をリスニングします。タイトルは「アメリカの教育制度について」です。講演はスピーチ原稿が一応あり、それを参照しながら話をしているので、話し言葉と書き言葉の中間に位置づけられます。このような素材を聞き取る練習をして、リスニングとリーディングの橋渡しを徐々に行います。
　では、まず聞いてみしょう。

### 訓練1 ▶ リスニング　　　CD トラックNo.20

　今回はまずは原稿なしで聞きます。どのくらい聞き取れるでしょうか。

### 訓練2 ▶ ディクテーション　　　CD トラックNo.20

　今回は先に大まかに内容を捉えていく練習をします。もう一度英文を聞きながら以下の英文の空欄を埋めていきましょう。一通り埋まるまで何度も繰り返し聞いてやってください。


The (①　　　　　) and the (②　　　　　) are thought to be quite (③　　　　　). However, there are (④　　　　　). Today I would like to talk about the (⑤　　　　　) and show you what (⑥　　　　　) are. I hope that you will come to a better understanding of the (⑦　　　　　).

Perhaps the basic reason why the (⑧　　　　　) is (⑨　　　　　) from the one in Japan is because of the

(⑩　　　　　　) that many Americans hold toward (⑪　　　　　). So let's talk about (⑫　　　　　). Today I will be talking about (⑬　　　　) of them.

The (⑭　　　　) is the (⑮　　　　　) that many Americans hold toward (⑯　　　　) or toward education (⑰　　　　). That is, (⑱　　　　) are expected to provide every individual with the (⑲　　　　) to (⑳　　　　　) in life. In other words, the American educational system is designed with the (㉑　　　　). This means that elementary and junior high schools will try to expose the (㉒　　　　) to as (㉓　　　　) as possible, so that the child can find an area of (㉔　　　　) and (㉕　　　　). Once the child has begun to pursue such a course, the school will try to give the child the (㉖　　　　) to achieve (㉗　　　　) in that area.

　これは内容にまつわるキーワード・キーフレーズを入れていただく練習です。これらの語句が聞き取れれば、だいたいどういう内容かがわかります。同じ言葉の繰り返しがある点、一般論とそれを支える具体例の紹介、などの論理の展開に注目するとよりよく内容がわかります。今回は、細かい単語は聞き取れなくても、大切な情報を洩らさずに聞く、という練習です。細かい点は落としてしまっても、論旨を追いかけられるのだ、ということを体感していただきます。

　以下がディクテーションの答えです。確認してください。
① **Japanese educational system**

② **American educational system**
③ **similar**
④ **major differences**
⑤ **American educational system**
⑥ **those differences**
⑦ **American educational system**
⑧ **American educational system**
⑨ **different**
⑩ **concepts**
⑪ **educational institutions**
⑫ **those concepts**
⑬ **four**
⑭ **first concept**
⑮ **idea**
⑯ **educational institutions**
⑰ **in general**
⑱ **educational institutions**
⑲ **opportunity**
⑳ **find his role**
㉑ **individual in mind**
㉒ **individual**
㉓ **many different vocations**
㉔ **interest**
㉕ **aptitude**
㉖ **best possible training**
㉗ **fulfillment**

　これらのキーワードを見て内容が思い出せるようになると、内容がはっきりわかっている、といえます。
　ご覧の通り、同じことばが繰り返し使われています。同じことばの繰り返しによって論旨に一貫性を持たせているのです。また、同

じことばを繰り返しつつも、新しい情報を随所に織り交ぜています。このようにして、旧情報を軸に、新情報を織り交ぜながら展開するのが論旨の運び方です。

では、こういう論旨の運び方を的確に捉える上で、≪チャンク≫の発想でリスニングをするにはどのようにしたらいいでしょうか。キーワードとチャンクとがどんな関係にあるかに注目しながら、考えてみましょう。

その前提として、まずはスラッシュ入れの練習をして、次にチャンクごとに意味を理解していきましょう。

### 訓練3 ▶ スラッシュ入れ　　CDトラックNo.21

では、英文にスラッシュを入れる練習をします。チャンクの切れ目の基準③を踏まえつつ、音声の息継ぎの部分を中心に以下の文にスラッシュ／を入れてみましょう。

The Japanese educational system and the American educational system are thought to be quite similar. However, there are major differences. Today I would like to talk about the American educational system and show you what those differences are. I hope that you will come to a better understanding of the American educational system.

Perhaps the basic reason why the American educational system is different from the one in Japan is because of the concepts that many Americans hold toward educational institutions. So let's talk about those concepts. Today I will be talking about four of them.

The first concept is the idea that many Americans hold

toward educational institutions or toward education in general. That is, educational institutions are expected to provide every individual with the opportunity to find his role in life. In other words, the American educational system is designed with the individual in mind. This means that elementary and junior high schools will try to expose the individual to as many different vocations as possible, so that the child can find an area of interest and aptitude. Once the child has begun to pursue such a course, the school will try to give the child the best possible training to achieve fulfillment in that area.

うまくスラッシュが入りましたか？　では、次にスラッシュを入れたものを踏まえて、チャンクごとに意味を取っていきます。

### 訓練4 ▶ チャンクごとの意味理解　　CD トラックNo.22

今度は、チャンクごとに意味を確認します。聞きながら次の訳文に目を通してください。

The Japanese educational system and the American educational system / 日本の教育制度とアメリカの教育制度は
are thought to be quite similar. // まったく似通ったものだと考えられています。
However, / ところが、
there are major differences. // 大きな差があるのです。
Today / 本日は
I would like to talk about the American educational system / アメリカの教育制度についてお話をしたいと思っております。
and show you what those differences are. // そしてこの違い

が何であるかを示したいと思います。
I hope / 希望としましては
that you will come to a better understanding / 皆様がたによりよく理解をしていただければと思います。
of the American educational system. // アメリカの教育制度に関しまして。

Perhaps / 恐らく
the basic reason / 基本的な理由ですが、
why the American educational system is different from the one in Japan / アメリカの教育制度が日本のものとなぜ違うかは、
is because of the concepts / 考え方のためです
that many Americans hold / 多くのアメリカ人が持っている
toward educational institutions. // 教育機関に対しまして。
So let's talk about those concepts. // ですからこの考え方についてお話しましょう。
Today/ 本日は
I will be talking about four of them. // そのうちの4つお話します。

The first concept / まず最初の考え方は
is the idea that many Americans hold / 多くのアメリカ人が持っている発想です
toward educational institutions / 教育機関に対して
or toward education in general. // あるいは教育全般に対して。
That is, / つまり
educational institutions are expected to provide every individual / 教育機関はすべての個人に提供することが期待されているのです
with the opportunity to find his role in life. // 人生での自分

の役割を見つけ出す機会を。
In other words, / 別のことばでいいますと、
the American educational system is designed / アメリカの教育制度は設計されているのです
with the individual in mind. // 個人を念頭に。
This means / つまり
that elementary and junior high schools will try to expose the individual / 小学校や中学校は個人に触れさせようとしています
to as many different vocations as possible, / できるだけ多くの違う職業に。
so that the child can find an area of interest and aptitude. // そして、子どもが興味と適性を持った分野を見つけることができようにするのです。
Once the child has begun to pursue such a course, / ひとたび子どもがそういった進路に進み始めたら
the school will try to give the child / 学校は子どもに施すのです
the best possible training / 最も優れた訓練を
to achieve fulfillment in that area. // その分野で達成感を得るために。

　以上を踏まえて、チャンクとキーワードの関係について考えて見ましょう。

### 訓練5 ▶ 談話分析

　ここでは、チャンクを単位としてどのように情報をうまく整理して聞き取りをしていったらよいかについて、解説をします。このような分析をまずは意識的にやる必要があります。慣れてきたら意識しないでも頭の中でうまく分析できるようになります。慣れるまで

は、分析的に大切な情報を追うようにしてください。
　やり方は、チャンクごとに、結局はこういうことをいっているんだ、という意味の統合を行います。そして、それがチャンクの連鎖となって、次の情報へと展開されます。それがいくつか組み合わさったものが「文(sentence)」です。そこで、文単位でも意味統合と情報分析を行います。

> The Japanese educational system and the American educational system are thought to be quite similar. However, there are major differences. Today I would like to talk about the American educational system and show you what those differences are. I hope that you will come to a better understanding of the American educational system.

The **Japanese educational system** and the **American educational system** / (日米の教育制度が、どうか？)
are thought to be quite **similar.** // (似ていると思われている。思われているということは、あくまでも一般論。実際はどうか、と先を予想して聞く。)
However, / (ところが、と来たので、実際は違うのだろう、と予想して次を聞く。)
there are **major differences.** // (予想通りであることを確認する。)
⬇
日米教育制度は似ていると思われているが実際は違う、ということをキーワードを拾えば、うまく論理が追えるだろう。

Today / (本日は、という時間の状況設定)
I would like to talk about the **American educational system** / (アメリカの教育制度を話すのだ、というテーマを述べ

ている)
and show you what **those differences** are.// (日米の違いも述べることがわかる)
I hope/ (話者の希望)
that you will come to a better understanding / (理解してほしい、と)
of the **American educational system.**// (テーマについて)
⬇
講演をやる趣旨、テーマ設定を明言している。キーワードは「アメリカの教育制度」と「日米の違い」である。先ほどの文ともうまくリンクしている。

> Perhaps the basic reason why the American educational system is different from the one in Japan is because of the concepts that many Americans hold toward educational institutions. So let's talk about those concepts. Today I will be talking about four of them.

Perhaps / (恐らく)
the basic reason / (基本的理由)
why the **American educational system** is different from the one in Japan/ (日米の教育制度が違う)
is because of the **concepts** / (考え方の違いだ)
that many Americans hold / (アメリカ人の)
toward **educational institutions.** // (教育機関に対する)
⬇
前半の主語の部分は、日米の違いの理由は、という内容なので、前段落を受けている。後半のis以降は、新情報。教育機関に対する考え方が違う、という。キーワードを拾えばここも容易に理解ができる。

So let's talk about **those concepts.** // (考え方について話す)
Today / (本日は、という時間の場面設定)
I will be talking about **four** of them. // (話を 4 つに絞る)
⬇
特に問題なく理解できるだろう。

> The first concept is the idea that many Americans hold toward educational institutions or toward education in general. That is, educational institutions are expected to provide every individual with the opportunity to find his role in life. In other words, the American educational system is designed with the individual in mind. This means that elementary and junior high schools will try to expose the individual to as many different vocations as possible, so that the child can find an area of interest and aptitude. Once the child has begun to pursue such a course, the school will try to give the child the best possible training to achieve fulfillment in that area.

The **first concept** / ( 4 つのうちの最初の考え方)
is the **idea** that many Americans hold / (発想だ)
toward **educational institutions** / (教育機関に対する)
or toward education **in general.** // (あるいは教育全般に対する)
⬇
アメリカ人の発想が日本人とは違う、ということを明示している。ここでもキーワードによって容易に論旨が追えるだろう。

That is, / (つまり、ということは具体的な内容が後続すると予測して聞く)

**educational institutions** are expected to provide every individual / (教育機関に期待されていることは？)
with the **opportunity** to **find his role** in life. // (人生での役割を探す機会を提供すること)

⬇

「機会」「役割を探す」というキーワードが拾えると内容がよく整理できる。

In other words, / (換言すれば、ということで、同内容が後続すると予測して聞く)
the American educational system is designed / (狙いは)
with the **individual in mind.** // (個人を念頭に置くこと)

⬇

個人主義的な発想に立った教育観であることがわかる。

This means / (つまり)
that elementary and junior high schools will try to expose the **individual** / (個人に触れさせる)
to as **many different vocations** as possible, / (多くの職業に)
so that the child can find an area of **interest** and **aptitude.** // (興味と適性を知る)

⬇

個人を念頭に置いた教育制度の具体的な内容である。キーワードを拾えば、内容はよくわかるはずだ。

Once the child has begun to pursue such a course, / (ある分野を始めたら、どうか……)
the school will try to give the child / (学校の役割は……)
the **best possible training** / (最善のトレーニングを子どもに提供する)

to achieve fulfillment in that area. // (そして達成感を得させる)

⬇

個々人に合ったトレーニングを受けさせるようにするのが教育機関なのだ、とわかる。キーワードを拾えばここでも内容がよくわかるはずだ。

以上のように、情報を分析しながら聞くと、よりよく内容が理解できます。ここで大切なのが、チャンクごとにキーワードを拾うことです。そして、情報の繰り返しは何か、それを軸として新情報がどのように展開されるのか、をチャンクを単位に聞き取ります。そして、チャンクごとに後続情報をある程度予測しながら聞けるようになると、さらに内容の理解度が高まります。

### 訓練6 ▶ シャドーイング　　CD トラックNo.20

　これまでと同じように英文を見ないで行います。ナチュラルスピードの英文です。

### 訓練7 ▶ チャンクごとのシャドーイング　CD トラックNo.21

　これまでと同じように英文を見ないで行います。

### 訓練6 ▶ シャドーイング　　CD トラックNo.20

　今度は完全にできるまでがんばってやってみます。

### 訓練8 ▶ 音読シャドーイング　　CD トラックNo.20

　今度は原稿を見ながらシャドーイングを行います。

### 訓練6 ▶ シャドーイング　　CD トラックNo.20

これでシャドーイングを仕上げます。

### 訓練9 ▶ チャンクごとのリプロダクション　CD トラックNo.23

この訓練も原稿を見ないでやります。

### 訓練10 ▶ リプロダクション　　CD トラックNo.24

今度は長い単位でリプロダクションをします。

どうでしたか？ 講演レベルのリスニング訓練はうまくいきましたか？

### 訓練1 ▶ リスニング　　CD トラックNo.20

改めて聞くことに集中して、どのぐらい内容が理解できるか最後に確かめてみましょう。

これでチャンク・リスニングは終わりです。

リスニング 実践編

# 3 ▸▸▸ リーディング

## チャンク・リーディング

チャンクごとに意味を理解していけば、書き手の思いをより忠実に、日本語を介さずに、速く理解していけるようになります。リーディングのプロセスをふまえたトレーニングを通して、このような読み方のコツを身につけましょう。

### ◆はじめに

　このチャプターでは、チャンク英文法の発想を使ってリーディングの練習を行う。

　リーディングで肝心なのは、①「速く」、そして②「正確に」読めることだ。では、どのようにしたら①②の相反する要請を満たすことができるだろうか。①では、「順送り理解」ができるようになること、②では「情報整理」ができるようになること、が不可欠だ。この両方を追求すればそれぞれが補完しあってより速く正確に読めるようになる。それぞれについて、詳しく見てみよう。

### ◆リーディングにおける≪チャンキング≫

　従来の訳読方式に基づいた英文解釈の手法は、英文を一文単位でとらえることを前提として、やや極端にモデル化すれば次のような手順で理解することが一般的だった。

（1）　英文をまずピリオドまで読み切って、それぞれの語の品詞を確定し、そして文の要素（主語・動詞・目的語・補語・修飾語）を確定する。関係詞、接続詞等を手掛かりとした修飾部も確定する。

（2）　それぞれの語に辞書的な語義をやや機械的に当てはめる。

（3）　（1）を前提にして語順を操作しながら適宜後ろから前へ訳し

上げるなどして日本語で訳文を完成させる。これがいわゆる「直訳」といわれるもの。「直訳」だと日本語としてややぎこちない場合、適宜こなれた日本語に修正する。いわゆる「意訳」といわれるもの。

ここまできて一応英語がわかった、と了解するわけだ。

ところが、このやり方だと、一文単位での構造把握→日本語訳→意味理解という迂遠な手間をかけていて時間がかかるし、意味も英文自体からストレートに把握することができない。また、書き手が発想した順番で情報を理解し、事態構成することもできない。

そこで、強力な武器として導入できる方法が≪チャンク≫に基づいた「順送り理解」だ。書き言葉は即興性のある話し言葉と違って、推敲できる時間的余裕があるために、書き手はセンテンス単位で処理しているように思われるが、実際は書き手の心の中ではやはり≪チャンク≫を意味のまとまりとして書く作業を行っている。従って、**≪チャンク≫ごとに意味を理解していけば、書き手が発想した順番で情報を理解することができ、書き手の思いをより忠実にしかも最終的には日本語を介さずにストレートに速く理解できるようになる。**

このようにチャンクごとに順番に英文の内容を理解すると「正確に」読むことも可能になる。情報の断片の連鎖としての≪チャンキング≫という発想に立てば、後に続くチャンクの内容を、ある程度予測しながら、情報の流れをうまくつかんで情報を統合して正確に理解していくことができる。

### ◆リーディングの自動化のための訓練

これも従来のリーディングの勉強には欠落した視点だが、リーディングが本当にできるようになるためには、何度も繰り返し≪訓練する≫ことが重要だ。初めて読む英文は構造を理解しようとか意味を取ろうと必死になる。ところが同じ素材を用いて訓練を繰り返すことでリーディングが負担なく自動的にできるようになるのだ。そのための訓練として、リーディングのプロセスに基づいた訓練メニューを示している。

英文を追いかけて読んでいる時には意味がよくわかったのだけれど、読み終えた後、どんな内容だったか思い出せない、ということははじめのうちはよくあるものだ。そういった問題を克服して、自動的に速く正確に読めるようになるための訓練をする必要がある。トレーニングの具体的なメニューは、以下の通りである。

- 音読
- リピーティング
- Read & Look Up
- キーワード抽出＋要約
- 音読＋目外し要約

できれば同時通訳訓練法も一部導入する。

- Sight Translation(英→日)

インプットした情報を母語である日本語で正確に、しかも自然な日本語で訳出することで理解が一層進む。

いずれにしても忘れてならないのは、≪チャンク≫を意味のまとまりとして順番に処理していくことだ。さまざまな訓練法を通じて、今後のリーディングの訓練に役立てていただきたい。

## ◆リーディングでのチャンクの切れ目の目安

リスニングと同様、リーディングでも次の指針が立つ。

①言語単位による基準：句と節はチャンクとなる。
②慣用による基準：慣用化した表現はチャンクとなる。

リスニングでは③息継ぎがひとつの指針になった。ところが、書き言葉の場合は、息継ぎは想定できないので、①②の基準をもとにある程度ご自分にわかりやすいところで適宜区切ってかまわない。大切なのは、チャンクに区切ることによって理解が促進され、速く正確に読む上で役に立つことだ。

スラッシュの位置は絶対的なものではなく、慣れてきたらひとつひとつのチャンクを長めにとって理解して速く読めるようになって

いく。したがって、チャンクは学習効果が最も上がるところで区切る、という大まかな視点で臨んでいただきたい。
　では、はじめよう。

## 講演のリーディング

　はじめに、「アメリカの教育制度について」の講演の続きを、読んでいきます。講演は話し言葉と書き言葉の中間に位置づけられるので、リスニングとリーディングの橋渡しをこの素材を通じて行います。では、リスニングの用いた文の続きから読んでみましょう。その前に、これまでの内容を確認しておきましょう。
- ●アメリカの教育制度は日本の制度とは異なっている、それは教育機関に対する考え方が違うためだ。そのひとつは、アメリカ人は教育機関に個々人に合った教育を提供することを期待している点だ。

というものでした。この後、ふたつ目の考え方から話が続きます。

### 訓練1▶スラッシュ入れ　　CDトラックNo.25

　まずは、リーディングでのチャンキングに慣れるための練習をしていきます。意味を考えながら、以下の英文にスラッシュ／を入れてみましょう。

　A second concept that affects the design of the American educational system is that many Americans think of educational institutions as places to receive training. For example, let's say that a person has majored in Business Administration in the United States, he graduates with his degree and goes to work for a company. He tells the company that he had several courses in personnel administration, so the company puts him in the personnel department and expects him to perform the job well with little training. Perhaps he will be told briefly about the company and its personnel, but little about personnel administration. So this shows how many Americans consider educational institutions as training grounds.

A third factor is that educational institutions are expected to be of service to the local community. For example, if there is a community college or a junior college in a city that has a big electronics factory, then the local junior college probably will have many courses in electronics, so that people who work at the factory can receive further training.

If the community has no higher educational institution, the high school probably would provide such service. A high school in that kind of area probably would have adult education classes. Many people probably would attend, not only those who have not completed their education but also university graduates who wish to receive further training. For example, a person who majored in English Literature and works in business may find that he is weak in math. Such a person could take an adult education class to brush up or to learn advanced mathematics. In this way local schools are expected to be of service to the community.

The fourth concept that many Americans hold towards educational institutions is that they are repositories of knowledge, and centers of research. Of course, while that is also true in Japan, it tends to be more widespread in the U.S. Let's suppose that an employee of a local manufacturer comes into a local high school one day to ask about a certain chemical. He asks the chemistry teacher to analyze it for him. The teacher would be expected to do his best to analyze the substance. Of course, if he can't, the teacher would recommend that the employee take it somewhere else. But even in a simple thing like this a high school would be expected to be of service to the community.

These are the main concepts that many Americans hold towards educational institutions, and they very much determine how the American educational system is designed.

いかがでしょうか。さしあたり、ご自分が意味のまとまりだと考える所で区切ればいいでしょう。チャンクの区切りは、文法編で学んだことを参照にしつつ、自分がリーディングをする上で意味がとらえやすい位置で切る、という風にしてください。

### 訓練2 ▶ チャンクごとの意味理解

次に、チャンクごとに意味を確認していきます。順送りにどんどん意味を確認していきましょう。話し言葉で行われる講演ですので、ですます調で訳します。今回はチャンクはやや長めにとってあります。

A second concept that affects the design of the American educational system is / アメリカの教育制度の構想に影響しているふたつ目の考え方は、

that many Americans think of educational institutions as places to receive training. // 多くのアメリカ人が教育機関をトレーニングを受ける場ととらえている点です。
For example,/ 例えば、
let's say that a person has majored in Business Administration in the United States, / ある人がアメリカで経営学を専攻したとしましょう。
he graduates with his degree / 学位をもって卒業し
and goes to work for a company. // ある会社に勤めに行きます。
He tells the company / 会社にいいます
that he had several courses in personnel administration, / 人事管理でいくつか単位を取ったと
so the company puts him in the personnel department / そこで会社は人事部に配属します。
and expects him to perform the job well with little training. // そして会社はほとんどトレーニングなしで仕事をするように期待するのです。
Perhaps he will be told briefly about the company and its personnel, / 恐らく会社とその職員については簡単に話を聞かされるでしょうが
but little about personnel administration. // 人事管理についてはほとんど聞かされないでしょう。
So this shows how many Americans consider educational institutions as training grounds. // ですから、このことによってアメリカ人がいかに教育をトレーニングの場ととらえているかがわかります。

A third factor is / 3つ目の要素は
that educational institutions are expected to be of service to the local community. // 教育機関は地域社会に役に立つこと

が期待されていることです。
For example, / 例えば、
if there is a community college or a junior college in a city / もしある市にコミュニティカレッジか短大があるとすると
that has a big electronics factory, / そこには大きな電子工場があり、
then the local junior college probably will have many courses in electronics, / そこでその地元の短大には恐らく電子工学の講座が多くあるでしょう
so that people who work at the factory / 工場で働く人達が
can receive further training. // さらにトレーニングを受けることができるようにするためです。

If the community has no higher educational institution, / もしその地域社会に高等教育機関がない場合には、
the high school probably would provide such service. // 高校が恐らくそのような役に立つことになるでしょう。
A high school in that kind of area / そのような地域の高校には
probably would have adult education classes. // 恐らく社会人教育のクラスがあるでしょう。
Many people probably would attend, / 恐らく多くの人が参加するでしょう。
not only those who have not completed their education / 教育を最後まで受けていない人だけでなく
but also university graduates who wish to receive further training. // 大学を卒業した人でさらに訓練を受けたいと思っている人たちもです。
For example, / 例えば、
a person who majored in English Literature and works in business / 英文学をかつて専攻していて会社で働いている人が

may find that he is weak in math. // 数学に弱いと思うかもしれません。
Such a person could take an adult education class / そのような人は社会人教育のクラスを取ることもできます。
to brush up or to learn advanced mathematics. // 勉強しなおしたり、高等数学を勉強するために。
In this way / このようにして
local schools are expected to be of service to the community. // 地方の学校は地域社会の役に立つことが期待されているのです。

The fourth concept that many Americans hold towards educational institutions is / 多くのアメリカ人が教育機関に対して抱いている4つ目の考え方は、
that they are repositories of knowledge, and centers of research. // 教育機関は知識の貯蔵庫であり、研究の中心地であるということです。
Of course, / もちろん、
while that is also true in Japan, / 日本にも当てはまりますが、
it tends to be more widespread in the U.S. // アメリカではこのことがもっと広まっているのです。
Let's suppose that an employee of a local manufacturer comes into a local high school one day / ある地方の製造工場の従業員がある日、地元の高校にやってきて
to ask about a certain chemical. // ある化学物質について尋ねたとしましょう。
He asks the chemistry teacher to analyze it for him. // 化学の先生にそれを分析するようにお願いします。
The teacher would be expected to do his best / 先生は最善を尽して
to analyze the substance. // その物質を分析することが期待され

ています。
Of course, / もちろん、
if he can't, / その先生ができない場合には
the teacher would recommend that the employee take it somewhere else. // それをどこか他所へ持っていくように勧めるでしょう。
But even in a simple thing like this / しかしこのような単純なことでさえ
a high school would be expected to be of service to the community. // 高校は地域社会の役に立つことが期待されているでしょう。

These are the main concepts / こういったことが主な考え方です
that many Americans hold towards educational institutions, / 多くのアメリカ人が教育機関に対して持っている
and they very much determine how the American educational system is designed. // そしてアメリカの教育制度の構想を大きく左右しているのです。

　いかがですか。順送りで細かく意味が確認できたことでしょう。今度はこれを踏まえてより速く、正確に順送りで意味を取っていく訓練をしていきます。

### 訓練3 ▶ リピーティング　　CD トラックNo.26

　次の英文を見ながらリピーティングをします。チャンクごとに音声がCDに収録されていますので、音声が聞こえた後にポーズのところで原稿を見ながらリピートしましょう。リピートしながら意味が頭にどんどん浮かんでくるぐらいまで繰り返し何度もやってください。

A second concept that affects the design of the American educational system is /
that many Americans think of educational institutions as places to receive training. //
For example, /
let's say that a person has majored in Business Administration in the United States, /
he graduates with his degree /
and goes to work for a company. //
He tells the company /
that he had several courses in personnel administration, /
so the company puts him in the personnel department /
and expects him to perform the job well with little training. //
Perhaps he will be told briefly about the company and its personnel, /
but little about personnel administration. //
So this shows how many Americans consider educational institutions as training grounds. //

A third factor is /
that educational institutions are expected to be of service to the local community. //
For example, /
if there is a community college or a junior college in a city /
that has a big electronics factory, /
then the local junior college probably will have many courses in electronics, /
so that people who work at the factory /

can receive further training. //

If the community has no higher educational institution, /
the high school probably would provide such service. //
A high school in that kind of area /
probably would have adult education classes. //
Many people probably would attend, /
not only those who have not completed their education/
but also university graduates who wish to receive further training. //
For example, /
a person who majored in English Literature and works in business /
may find that he is weak in math. //
Such a person could take an adult education class /
to brush up or to learn advanced mathematics. //
In this way /
local schools are expected to be of service to the community. //

The fourth concept that many Americans hold towards educational institutions is /
that they are repositories of knowledge, and centers of research. //
Of course, /
while that is also true in Japan, /
it tends to be more widespread in the U.S. //
Let's suppose that an employee of a local manufacturer comes into a local high school one day /
to ask about a certain chemical. //
He asks the chemistry teacher to analyze it for him. //

The teacher would be expected to do his best /
to analyze the substance. //
Of course, /
if he can't, /
the teacher would recommend that the employee take it somewhere else. //
But even in a simple thing like this /
a high school would be expected to be of service to the community. //

These are the main concepts /
that many Americans hold towards educational institutions, /
and they very much determine how the American educational system is designed. //

### 訓練4 ▶ Read & Look Up

　今度は音声なしにやる訓練です。訓練3の英文を使ってやります。
　ひとつのチャンクを音読します。音読し終えたら、上を向いて原稿から目を外します。そして、音読した英語を思い出しながら声に出して言う訓練です。できるだけそのまま英語を再現してください。ご自分のペースでやってみてください。スムーズにできるようになるまで繰り返し行います。

### 訓練5 ▶ Sight Translation

　今度はさらに負荷の高い訓練をします。同時通訳の訓練法にSight Translationというのがあります。これは、英文を見ながら口頭でどんどん日本語に訳出していく訓練です。本当によく英文の意味がわかっていないと難しい訓練です。

訓練3の英文を見ながら行ってください。その際、チャンクごとに必ず訳出し切って下さい。後戻りしないようにします。訳出例は訓練2を参照してください。

どうでしょうか。これらの訓練によって、英文の内容をチャンク単位で細かく理解できるようになります。

今度は英文の大まかな要旨を取っていく訓練をします。

### 訓練6 ▶ キーワード抽出＋要約

以下の英文を黙読しながら、大切だと思われるキーワード・キーフレーズに下線を引いてください。一文全部に下線を引くのではなく、大切な語句のみに限定してください。

1. A second concept that affects the design of the American educational system is that many Americans think of educational institutions as places to receive training. For example, let's say that a person has majored in Business Administration in the United States, he graduates with his degree and goes to work for a company. He tells the company that he had several courses in personnel administration, so the company puts him in the personnel department and expects him to perform the job well with little training. Perhaps he will be told briefly about the company and its personnel, but little about personnel administration. So this shows how many Americans consider educational institutions as training grounds.

2. A third factor is that educational institutions are expected to be of service to the local community. For example, if there is a community college or a junior col-

lege in a city that has a big electronics factory, then the local junior college probably will have many courses in electronics, so that people who work at the factory can receive further training.

3. If the community has no higher educational institution, the high school probably would provide such service. A high school in that kind of area probably would have adult education classes. Many people probably would attend, not only those who have not completed their education but also university graduates who wish to receive further training. For example, a person who majored in English Literature and works in business may find that he is weak in math. Such a person could take an adult education class to brush up or to learn advanced mathematics. In this way local schools are expected to be of service to the community.

4. The fourth concept that many Americans hold towards educational institutions is that they are repositories of knowledge, and centers of research. Of course, while that is also true in Japan, it tends to be more widespread in the U.S. Let's suppose that an employee of a local manufacturer comes into a local high school one day to ask about a certain chemical. He asks the chemistry teacher to analyze it for him. The teacher would be expected to do his best to analyze the substance. Of course, if he can't, the teacher would recommend that the employee take it somewhere else. But even in a simple thing like this a high school would be expected to be of service to the community.

5.　These are the main concepts that many Americans hold towards educational institutions, and they very much determine how the American educational system is designed.

では、下線を引いたキーワード・キーフレーズを頼りに、それぞれのパラグラフの要旨を日本語で書いてみましょう。

1. _____

2. _____

3. _____

4. _____

5. _____

　いかがですか。パラグラフごとの要旨がとれて、パラグラフ間の論理的な関係も見えてきたでしょうか。
　では、次に分析を示します。

### 訓練6 ▶ 談話分析

　ここでは、チャンクを単位としてどのように情報をうまく統合して英文全体の要旨を把握していったらよいかについて、解説をします。このような分析をまずは意識的にやる必要があります。慣れてきたら意識しないでも頭の中でうまく分析できるようになります。慣れるまでは、分析的に大切な情報を追うようにしてください。

　やり方は、チャンクごとに、結局はこういうことをいっているんだ、という意味の統合を行います。そして、それがチャンクの連鎖となって、次の情報へと展開されます。それがいくつか組み合わさったものが「文 (sentence)」です。そこで、文単位でも意味統合と情報分析を行います。さらに、センテンス単位でも意味統合と情報分析を順次行って、英文全体の要旨を取っていきます。できるだけ後続情報を予測しながらチャンクの内容分析をしましょう。

　その前に、特に論説文における情報配列の大まかな規則としてのパラグラフの構成について説明しましょう。

　パラグラフはまとまった意味内容の大きなかたまりです。つまり、1パラグラフ＝1トピックであることが多いのです。そして、パラグラフの冒頭に一番言いたい topic sentence を置き、その後にそれを支える具体例、理由、説明などの supporting details を置く、という情報の配列を取ることが比較的多いです。この情報配列の規則をうまく利用して読んでみましょう。

1. A **second concept** that affects the design of the American educational system is that many Americans think of educational institutions as **places to receive training.** For example, let's say that a person has majored in Business Administration in the United States, he graduates with his degree and goes to work

> for a company. He tells the company that he had several courses in personnel administration, so the company puts him in the personnel department and expects him to perform the job well with little training. Perhaps he will be told briefly about the company and its personnel, but little about personnel administration. So this shows how many Americans consider **educational institutions** as **training grounds.**

A **second concept** that affects the design of the American educational system is/ (ふたつ目の考え方は……)
that many Americans think of educational institutions **as places to receive training.** // (教育機関を訓練の場だと考えている点)

⬇

冒頭の一文にこのパラグラフのエッセンスがある。これが topic sentenceだ。

For example, / (例えば、というふうに具体例がこの後に続く)
let's say that a person has majored in Business Administration in the United States, / he graduates with his degree / and goes to work for a company. // He tells the company / that he had several courses in personnel administration, / so the company puts him in the personnel department / and expects him to perform the job well with little training. // Perhaps he will be told briefly about the company and its personnel, / but little about personnel administration. //

⬇

大学で実地訓練を受けているのだから、企業に就職したらそこではいきなり実務ができると期待され、訓練は受けない、という具体例。

So this shows how many Americans consider **educational institutions** as **training grounds.**(教育機関をトレーニングの場ととらえている)

⬇

パラグラフの末尾で結論をいっている。

【要約】ふたつ目の考え方は、アメリカ人は教育機関を訓練の場だと考えているということ。

---

2. A **third factor** is that educational institutions are expected to be **of service to the local community.** For example, if there is a community college or a junior college in a city that has a big electronics factory, then the local junior college probably will have many courses in electronics, so that people who work at the factory can receive further training.

---

A **third factor is** / ( 3 つ目の考え方は……)
that educational institutions are expected to be of **service to the local community.** // (地域社会の役に立つことが期待されている点)

⬇

ここでも冒頭の一文にこのパラグラフのエッセンスがある。これが topic sentenceだ。

For example, / (例えば、というふうに具体例がこの後に続く)
if there is a community college or a junior college in a

city / that has a big electronics factory, / then the local junior college probably will have many courses in electronics, / so that people who work at the factory / can receive further training. //

⬇

コミュニティカレッジや短大はその地域で働いている人のために教育を受ける機会を提供して、役に立っている、という具体例。

【要約】 3つ目の考え方は、教育機関は地域社会の役に立つことが期待されているということ。

> **3.** If the community has no higher educational institution, the **high school** probably would provide such service. A high school in that kind of area probably would have adult education classes. Many people probably would attend, not only those who have not completed their education but also university graduates who wish to receive further training. For example, a person who majored in English Literature and works in business may find that he is weak in math. Such a person could take an adult education class to brush up or to learn advanced mathematics. In this way **local schools** are expected to be **of service to the community.**

If the community has no higher educational institution, /
 (コミュニティカレッジや短大がない場合は……)
the **high school** probably would provide such service. //
 (高校が同じような役を果たす、という風に、前のパラグラフの続きだ)

**A** high school in that kind of area / probably would have adult education classes. // Many people probably would attend, / not only those who have not completed their education / but also university graduates who wish to receive further training. //

⬇

高校の役割をやや詳しく説明している。

For example,/ (例えば、というふうに具体例がこの後に続く)
a person who majored in English Literature and works in business/ may find that he is weak in math. // Such a person could take an adult education class/ to brush up or to learn advanced mathematics. //

⬇

英文学を専攻した人で数学が弱い人は高校で再教育を受けられるという具体例。

In this way / (このようにして、とここでも結論を述べている)
local schools are expected to be of service to the community. // (地域の学校はその地域の役に立つことが期待されている)

⬇

パラグラフの末尾で結論を言っている。

【要約】 3つ目の考え方は、高校も含めて教育機関は地域社会の役に立つことが期待されているということ。

> 4. The **fourth concept** that many Americans hold towards educational institutions is that they are **repositories of knowledge**, and **centers of research.**

> Of course, while that is also true in Japan, it tends to be more widespread in the U.S. Let's suppose that an employee of a local manufacturer comes into a local high school one day to ask about a certain chemical. He asks the chemistry teacher to analyze it for him. The teacher would be expected to do his best to analyze the substance. Of course, if he can't, the teacher would recommend that the employee take it somewhere else. But even in a simple thing like this a high school would be expected to be of service to the community.

The **fourth concept** that many Americans hold towards educational institutions is /(4つ目の考え方は……)
that they are **repositories of knowledge**, and **centers of research**. //(知識の貯蔵庫、研究の中心地という役割を果たす点)
⬇
ここでも冒頭の一文にこのパラグラフのエッセンスがある。これがtopic sentenceだ。

Of course, /(もちろん、というふうに、論者の主張の前提議論を展開する)
while that is also true in Japan, /(日本にも当てはまるが、という一般論)
it tends to be more widespread in the U.S. //(でも、アメリカでは広まっている、という風に自説をサポートしている)

Let's suppose that an employee of a local manufacturer comes into a local high school one day / to ask about a certain chemical. // He asks the chemistry teacher to analyze it for him. // The teacher would be expected to do his best / to analyze the substance. // Of course, / if he can't, / the teacher would recommend that the employee take it somewhere else. //

⬇

化学物質の分析をその地域の高校の化学の先生に委託することができる、という具体例。

But even in a simple thing like this / (こんな単純なことでも) a high school would be expected to be of service to the community. // (高校は地域の役に立つことが期待されている)

⬇

パラグラフの末尾で結論をいっている。

【要約】 4つ目の考え方は、教育機関は知識の貯蔵庫であり、研究の中心地としての役割を果たしているということ。

> 5. These are the **main concepts** that many Americans hold towards **educational institutions**, and they very much determine how the American educational system is designed.

These are the **main concepts** / (これまで4つ挙げてきたことが主な考え方だ)
that many Americans hold towards **educational institutions**, / (アメリカ人の教育機関に対する)
and they very much determine how the American educational system is designed. // (アメリカの教育制度の構想を大きく左右している)

⬇

すべてのパラグラフの結論として、抽象的にまとめている。

【要約】これら4つの考え方が、アメリカの教育制度の構想を左右していること。

≪パラグラフ間の情報構造≫
パラグラフ間のつながりを分析し、論旨を押さえます。
1．2つ目の考え：教育機関は訓練の場である
2．3つ目の考え：教育機関は地域社会に役に立つべきだ
3．　　〃　　　：高校もまた然り
4．4つ目の考え：教育機関は研究の中心である
5．これら4つの考えがアメリカの教育制度の構想を左右している

以上のような分析ができるでしょう。これで論旨も理解いただけたと思います。

### 訓練7▶音読＋目外し要約

今度は、要旨を速く正確に取るための訓練を行います。

まずはひとつのパラグラフを音読します。音読し終えたら、原稿から目を外してそのパラグラフの要旨を口頭でいってみます。しっかりいえるようになるまで訓練を繰り返します。訓練6の囲みの英文を使って行ってください。

さて、いかがでしょうか。講演の英文を使って一通りリーディング訓練法を紹介しました。同じ素材を繰り返し訓練することで、より速く正確に読めるようになるはずです。

では、改めてどのぐらい速く正確に読めるようになったか、最後に確かめてみましょう。訓練1の英文を黙読してみましょう。一定のリズムで速く読むように心がけつつ、内容を的確に把握しましょう。

そして、更に音読を何度も繰り返して、英語のリズムを感じ取りながら、この文章をマスターしてください。

## 物語文のリーディング

今度は物語をチャンク・リーディングしていきます。物語では、訓練をすることは一旦忘れて、内容を楽しく読みましょう。

では、次の文章をチャンクに区切りながら読んでみてください。

**CD トラックNo.27**

There was a falconer and hunter, named Sonjo, who lived in the district called Tamura-no-Go, of the province of Mutsu. One day he went out hunting, and could not find any game. But on his way home, at a place called Akanuma, he perceived a pair of oshidori [1] (mandarin-ducks), swimming together in a river that he was about to cross. To kill oshidori is not good; but Sonjo happened to be very hungry, and he shot at the pair. His arrow pierced the male: the female escaped into the rushes of the further shore, and disappeared. Sonjo took the dead bird home, and cooked it.

That night he dreamed a dreary dream. It seemed to him that a beautiful woman came into his room, and stood by his pillow, and began to weep. So bitterly did she weep that Sonjo felt as if his heart were being torn out while he listened. And the woman cried to him: "Why,-- oh! why did you kill him? -- of what wrong was he guilty?... At Akanuma we were so happy together,-- and you killed him!... What harm did he ever do you? Do you even know what you have done? -- oh! do you know what a cruel, what a wicked thing you have done?... Me too you have killed,-- for I will not live without my husband!... Only to tell you this I came."... Then again she wept aloud,-- so bitterly that the voice of her crying pierced into the marrow of the listener's bones; -- and she sobbed out the words of this poem:--

Hi kurureba
Sasoeshi mono wo --
Akanuma no
Makomo no kure no
Hitori-ne zo uki!

＊この部分はCDに入っていません

("At the coming of twilight I invited him to return with me --! Now to sleep alone in the shadow of the rushes of Akanuma -- ah! what misery unspeakable!") [2]

And after having uttered these verses she exclaimed:-- "Ah, you do not know -- you cannot know what you have done! But to-morrow, when you go to Akanuma, you will see,-- you will see..." So saying, and weeping very piteously, she went away.

When Sonjo awoke in the morning, this dream remained so vivid in his mind that he was greatly troubled. He remembered the words:-- "But to-morrow, when you go to Akanuma, you will see,-- you will see." And he resolved to go there at once, that he might learn whether his dream was anything more than a dream.

So he went to Akanuma; and there, when he came to the river-bank, he saw the female oshidori swimming alone. In the same moment the bird perceived Sonjo; but, instead of trying to escape, she swam straight towards him, looking at him the while in a strange fixed way. Then, with her beak, she suddenly tore open her own body, and died before the hunter's eyes...

Sonjo shaved his head, and became a priest.

**notes:**  ＊以下はCDに入っていません。

[1]  From ancient time, in the Far East, these birds have been regarded as emblems of conjugal affection.

[2]  There is a pathetic double meaning in the third verse; for the syllables composing the proper name Akanuma ("Red Marsh") may also be read as akanu-ma, signifying "the time of our inseparable (or delightful) relation." So the poem can also be thus rendered:-- "When the day began to fail, I had invited him to accompany me...! Now, after the time of that happy relation, what misery for the one who must slumber alone in the shadow of the rushes!" -- The makomo is a short of large rush, used for making baskets.

## チャンクリーディングによる解釈例

There was a falconer and hunter, / 鷹匠でしかも猟師の人がいた
named Sonjo, / 村允という名の
who lived in the district / その人は地域に住んでいた
called Tamura-no-Go, / 田村の郷と呼ばれる
of the province of Mutsu. // 陸奥の国の
One day / ある日

he went out hunting, / 彼は猟に出かけた
and could not find any game. // そして獲物は見つからなかった
But on his way home, / しかし家に帰る途中
at a place called Akanuma, / 赤沼と呼ばれる場所で
he perceived a pair of oshidori [1] (mandarin-ducks), / ひとつがいのおしどりに気づいた
swimming together in a river / 川で一緒に泳いでいるのを
that he was about to cross. // (そこを)彼は渡ろうとしていた
To kill oshidori / おしどりを殺すのは
is not good; / よくない
but Sonjo happened to be very hungry, / でも、村允はたまたまとても空腹だった
and he shot at the pair. // そこで、つがいめがけて矢を放った
His arrow / 彼の矢は
pierced the male: / 雄に突き刺さった
the female / 雌は
escaped into the rushes / イグサの中に逃げた
of the further shore, / 向こう岸の
and disappeared. // そして姿を消した
Sonjo took the dead bird home, / 村允は死んだ鳥を家に持って帰って
and cooked it. // それを料理した
That night / その晩
he dreamed a dreary dream. // 彼は恐ろしい夢を見た
It seemed to him / 彼にはこう思われた
that a beautiful woman / 美しい女性が
came into his room, / 部屋に入ってきて
and stood by his pillow, / 彼の枕もとに立って
and began to weep. // さめざめと泣き出した
So bitterly / あまりに烈しく

did she weep / 彼女が泣くので
that Sonjo felt / 村允は感じた
as if his heart were being torn out / まるで心臓がもぎ取られ
   ているかのように
while he listened. // 聴いているあいだ
And the woman / そしてその女性は
cried to him: / 彼に声をあげた
"Why,-- oh! why did you kill him?　まったく、どうして、あ
   の人を殺したのですか？
of what wrong / 何の過ちについて
was he guilty?... // 罪があったというのですか？
At Akanuma / 赤沼で
we were so happy together, / 私たちはあれほど仲睦まじく暮
   らしていたのに
and you killed him!... // なのにあなたはあの人を殺した！
What harm/ なんの害を
did he ever do you? // 彼があなたに加えたというのですか
Do you even know / わかっているのですか
what you have done? / あなたは何をしてしまったか
-- oh! do you know / わかってますか
what a cruel, / なんと残酷で
what a wicked thing / なんと非道いことを
you have done?... // あなたがしたのだと
Me too / 私をも
you have killed, / あなたは殺したのです
-- for I will not live / というのは、私は生きられないからです
without my husband!... // 夫なしでは
Only to tell you this / これをあなたにいうだけのために
I came."... // 来たのです
Then again / そこでふたたび
she wept aloud, / 彼女は声を上げて泣いた

-- so bitterly / あまりに烈しくて
that the voice of her crying / 彼女の鳴き声は
pierced into the marrow of the listener's bones; / 聴く者の骨の随にまで染み込んできた
-- and she sobbed out the words of this poem:-- // そして彼女はすすり泣きつつ次の歌を口にした


Hi kurureba　　日暮るれば
Sasoeshi mono wo ―　さそひしものを
Akanuma no　あかぬま（赤沼・飽かぬ間)の
Makomo no kure no　真菰のくれの
Hitori-ne zo uki!!　ひとり寝ぞ憂き

("At the coming of twilight / 黄昏がやってきて
I invited him to return with me / あの人に私のもとへもどるよう誘ったのに
-- Now to sleep alone / 今はひとり淋しく床につく
in the shadow of the rushes of Akanuma / 赤沼のイグサの陰の中で
-- ah! what misery unspeakable!") [2] なんとも、ことばにできぬみじめさよ


And after having uttered these verses / そして、この韻文を口にした後で
she exclaimed: / 彼女は叫んだ
-- "Ah, you do not know / 本当に、あなたは知らないのです
you cannot know / あなたにはわからないのです
what you have done! // 何を自分がしてしまったのか！
But tomorrow, / でも明日
when you go to Akanuma, / あなたが赤沼に来るときに
you will see, / わかるでしょう

-- you will see..." // きっとわかるでしょう
So saying, / そういって
and weeping very piteously, / またとても悲しそうに泣きながら
she went away. // 彼女は去って行った

When Sonjo awoke in the morning, / 村允が翌朝目覚めると
this dream remained so vivid in his mind / この夢がとても鮮やかに頭に残ったので
that he was greatly troubled. // 彼は大変に困った
He remembered the words: / 彼はあのことばを思い出した
-- "But to-morrow, / 「でも明日
when you go to Akanuma, / あなたが赤沼に来るときに
you will see, / わかるでしょう
-- you will see." // きっとわかるでしょう」
And he resolved to go there at once, / そして彼はすぐにそこへ行こうと決めた
that he might learn / そうすればわかるかもしれない
whether his dream was anything more than a dream. // 彼の夢が単なる夢以上のものであったかどうかということが

So he went to Akanuma; / そこで彼は赤沼へ行った
and there, / そしてそこで
when he came to the river-bank, / 彼が河岸に来たときに
he saw the female oshidori swimming alone. // 雌のおしどりが一羽で泳いでいるのを目にした
In the same moment / 同じ瞬間に
the bird perceived Sonjo; / その鳥は村允がいるのを感じ取った
but, / しかし
instead of trying to escape, / 逃げようとするかわりに

she swam straight towards him, / おしどりは彼のほうへまっすぐ泳いできた
looking at him the while / その間彼を見ていた
in a strange fixed way. // 奇妙にも目線を定めた様子で
Then, / やがて
with her beak, / 自分のくちばしで
she suddenly tore open her own body, / おしどりは突然自分の身体を引き裂いて
and died / 死んだ
before the hunter's eyes... // 猟師の目の前で
Sonjo shaved his head, / 村允は髪を剃って
and became a priest. // 僧侶になった

**notes:**
[1] From ancient time, / 古来より
in the Far East, / 極東(東アジア)では
these birds have been regarded / これらの鳥はみなされてきた
as emblems of conjugal affection. // 夫婦の情愛の象徴として

[2] There is a pathetic double meaning / 哀れを誘う二重の意味がある
in the third verse; / 第3連に
for the syllables / というのはその音節は
composing the proper name Akanuma ("Red Marsh") / 固有名の赤沼(赤い沼)から成り立っていて
may also be read / 読まれることもある
as akanu-ma, / 飽かぬ間と
signifying "the time of our inseparable (or delightful) relation." // (それは)分かち難い(または喜ばしい)関係が続く間を表している
So / だから

the poem can also be thus rendered: / その歌は以下のようにも解釈できる
-- "When the day began to fail, / 日が暮れて
I had invited him to accompany me...! // あの人に寄り添ってくれるように誘ったのに
Now, after the time of that happy relation, / 今、あれほど仲睦まじく暮らしてきた後で
what misery / なんと惨めでしょう
for the one who must slumber alone / ひとりでまどろまなくてはならない者にとって
in the shadow of the rushes!" // イグサの陰の中で
-- The makomo is a short of large rush, / 真菰は大きなイグサの略称
used for making baskets. (イグサは)かごを作るのに使われる

## 物語文のワンポイント解説

　物語文はふつう具体的な登場人物(動物などのキャラクターの場合もある)を中心に、ある具体的な出来事を語ります。その展開を反映するように、それぞれの文の主語となる名詞チャンクには、登場人物を示す固有名詞や代名詞がよく使われ、動詞チャンクは過去時制の動詞になることが多いです。まずは、このシンプルな S + V ( + α) から、主要人物の動きをおさえましょう。また、時々出てくる脇役の動きや情景描写等を正しく位置づけながら読めばストーリーがよりクリアにつかめるはずです。一般に物語文は、時間の流れに沿ったシンプルな展開であれば、語彙さえわかれば、スラスラと読めるものが多いです。回想シーンが折り込まれて時間の流れが前後されると、読み手が自分の意識の中で再構成する必要が生じます。さらに、誰の目から見ているのかという視点人物をシフトさせたりして、語りの手法をより複雑化させることもあります。

　単に頭で正確に読むだけでなく、深く感じつつ読むようにも心掛けたいです。たとえば、出来事の描写はできるだけ視覚的に情景をイメージしてみるとか、心情的な描写については可能な限りその人物にidentify (同一化)してみるといった心構えをもつだけでもずいぶん違った読み方ができるはずです。

　さて、上の文章は、主人公の村允と彼に自分のつがいを殺されたおしどりの雌の言動がストーリーの大半を占めていて、時間の流れに沿って物語が展開しているので読み易いでしょう。ここでは、むしろ内容的な面白さを感じ取りたいです。おしどりのつがいにも夫婦の情愛があり、自分はそれを無惨にも引き裂いてしまったのだということを、夢と現実を通じて、おしどりの雌から伝えられ悟った猟師が出家したというお話でした。出典はラフカディオ・ハーンのOSHIDORI(*Kwaidan: Stories and Studies of Strange Things* by Lafcadio Hearn より)。

# ▶▶▶ 問題の解答と解説

## 基礎編　各章の冒頭クイズの答え

### ■名詞チャンク

1．名詞チャンクはこう作ろう！ Look at those two brand-new computers on the desk. 2．ワクで仕切れる感じのa A. coffee B. a (cup of) coffee 3．「あなたもわかるでしょ」のthe The battery 4．theのなかま、aのなかま the（結式の話題が共有されていればtheが自然に使える）、some（不特定の複数をsomeでとらえる）、the（お嫁さんはこの人だという意識が共有される）、their（お嫁さんの両親が所有する家） 5．名詞の後ろでゾロゾロ説明するパターン car I borrowed from 6．名詞化されたコトを表すチャンク that, changing 7．何を主語に立てる？(1) You (2) I, you (3)it, you

### ■動詞チャンク

1．コト（出来事）を語る動詞の図式 appreciate it, give me your cell phone number 2．人（モノ）の行為に働きかける動詞 Let me see you do it again. 3．動詞チャンク（時制）のしくみ was, am, will make 4．変化が見えない単純形vs 変化が見える進行形 pushes 5．今への影響を語る現在完了 A.Gone to the café. 6．何をされてどうなっているか＝受身 got injured, was taken 7．未来の表現を使い分ける will get 8．助動詞① should 9．助動詞② may, didn't 10．助動詞③ couldn't

### ■副詞チャンク

1．副詞チャンクは表現の宝庫 honestly speaking, rarely, enough, unless I had to take a test 2．S＋V＋αと副詞チャンク *In this computer age,* / you will never be able to get a good job, / *without computer skills*. （書き言葉ではこの順序がふつうだが、会話的などではイタリック体の副詞チャンクは思いついた位置で使って構わない。上の表現が3つのチャンクで成り立っているとすると、可能性としては全部で6通りの順序がありうることになる） 3．状況設定のイントロ Having lived longer, regardless of occasional 4．何をどれだけ否定する？ It is not that I don't trust your financial advice, but I have hardly any money to invest in something uncertain. 5．節の副詞チャンク① If, while, until 6．節の副詞チャンク② Even if, so, that, no matter what

### ■形容詞のはたらき

1．コトを語る形容詞 ア）Great! イ）Your idea is great. ウ）That is great. エ）That sounds great.（ア）〜エ）の形容詞はexcellent、wonderfulなどでも可） 2．情報展開をトリガーする形容詞 It was stupid of me to leave my driver's license at home. (to leave のかわりに to have left も可)

### ■前置詞のはたらき

1．前置詞① water in the kettle / wrinkles on the face / the key to the door / the bottom of the bottle 2．前置詞② Time is running out. / He got over his illness. / Are you into aerobics?

# 問題の解答と解説

## 基礎編　EXERCISESの解答と解説

### ■名詞チャンク

**1. 名詞チャンクはこう作ろう！**
A.(1) his two expensive foreign cars （☆印の注を参照）彼の2台の高価な外車 (2) that beautiful watercolor painting on the wall （☆印の注を参照）壁にかかったあのキレイな水彩画 (3) our second project in this department この課での私たちの2番目の企画 (4) the well-known American software company （☆印の注を参照）あの有名なアメリカのソフトウェア会社
B. This new cell phone of mine
☆形容詞が複数並ぶときの順序の目安
・主観的な評価を示すものは前のほうにきて、客観的な性質ほど後ろにくる。
・国籍、素材などもともと名詞にそなわる性質を示すものは名詞のすぐ前にくる。
　（名詞の近くにあると名詞に吸収されて複合名詞になりやすい）
e.g. a *large wood* table（大きな木のテーブル）
　　an *interesting French* film（面白いフランス映画）

**2．ワクで仕切れる感じのa**
(1) some coffee 帰りにコーヒー買ってきてくれる？（豆や粉の「コーヒー」は、どれだけとってもそれ自体であることは変わらないというイメージなので、(some) coffeeとする。「コーヒー豆」と明確にいうときは、豆は比較的数えやすいので coffee beans とする） (2) some A：スイカ食べる？ B：うん、もちろん。(a だと丸々1個のスイカになって、相手もビックリしてしまう。この some は、「食べるよね」と誘う感じで、肯定的な答を予想している) (3) gray hairs 彼は数本の白髪がある (a few gray hairs とすると、より明確になる) (4) blond hair 彼女はブロンドの髪をしている（どこをどれだけとってもブロンドという感じなので a をつけたり s をつけたりしない） (5) little money 私の銀行口座にはほとんどお金が残っていない（例えばドルという単位は数えるから、a dollar とか 10 dollars とする。しかし、お金そのものは、どこをどれだけとってもお金という流動的な感じでとらえる）
(6) a great deal of information インターネットは大量の情報を与えてくれる (information も流動的なイメージ。類例に、news「知らせ」や knowledge「知識」などがある。a great[good] deal of「大量の」は形容詞のカタマリで a lot of のなかま)

**3.「あなたもわかるでしょ」の the**
(1) the park（常識的共有の the） (2) the key to the door（前は文脈的共有＜先取り＞の the。後ろは指示的または常識的共有の the） (3) dogs（ワクでしきれる感じの何かについて、特にどれを指すわけでもなく漠然と一般論を述べるときは、ふつう無冠詞の複数形を使う） (4) The keyboard（文脈的共有＜先取り＞の the）
(5) more paper, the printer（指示的または常識的共有の the）

### 4. the のなかま、a のなかま

(1) some of the members 私はこのクラブの数人のメンバーを知っている (2) half his salary 彼は給料の半分以上を両親に送る (half of his salary ともできる。［全体］of ［半分］の比率がイメージしやすいために、of を取れると考えればよい）(3) each neighbor この地域の近所に住むそれぞれの人と話してみた（それぞれの違いを強調するのは each。every はみんな同じというニュアンス。all だと、皆いっぺんに相手にする感じ）(4) much 火山の噴火の後で、インフラ再建のためにはまだ多くの作業が残っている（この much は代名詞で「たくさんのこと」。be動詞が is と単数の形になっているのもヒント）(5) Little 彼の個人生活についてはほとんど知られていない（この little は代名詞で nothing の一歩手前という感じ）

### 5. 名詞の後ろでゾロゾロ説明するパターン

(1) guy in a dark suit, a man of ability あの黒いスーツを着ている人は有能な人だ (2) lady working at the cafe あの喫茶店で働いている女性はケンの奥さんだ (3) someone to take care of her 私のおばあちゃんは誰か介護をしてあげる人が必要です (4) paper consumed in our office オフィスで消費する紙の量を減らさなければならない (5) All we can do is pray 私たちにできることは、彼の回復を祈ることしかない（pray は to pray ともできる）

### 6. 名詞化されたコトを表すチャンク

A.(1) giving 手を貸してくれませんか (2) to give up, smoking ついにタバコをやめようと決めた
B.(1) Avoid 運転中ケイタイを使うのは避けなさい (2) denied 彼はお金を盗んだということを否定した (3) imagine あなたとデートするなんて想像もできないわ
C.(1) What other people do looks (2) what you can do today (3) what you think is right (4) What is important is that
D.(1) where she lives? (2) why you were late. (3) what will happen tomorrow. (4) what you are talking about. (5) how serious I am. (6) whether she will accept my offer (or not).

### 7. 何を主語に立てる？

(1) We, each other / It, we（時の"It"）(2) You, you / it, that you（形式主語）(3) It, to（形式主語）(4) The truth[fact], I am（慣用表現の主語） 実は夫とうまくいっていないのです（be on...terms with 人で「人と……の間柄である」）(5) The result, me（無生物主語）/ I was, the result（受身の主語）(6) This machine, me[us]（無生物主語）(7) looking at, makes（動名詞の主語）(8) It, that（強調構文） 彼は生物学を学んだからこそグリーンピース［国際的環境保護団体］の活動家になった

## ■動詞チャンク

### 1. コト（出来事）を語る動詞の図式

# 問題の解答と解説

A.(1) differ 趣味は人それぞれだ（from person to person と補うこともできる）(2) depends それは状況次第だ（on the situation などと補うこともできる）(3) matter フォーマルでいくかカジュアルにするかはどちらでも問題ではない（It はとりあえず立てる形式主語で後ろの whether 節を指す）
B. アイともに共通：(1) give, a call (2) send, an e-mail (3) lend, some money (4) spare, a few minutes (5) tell, the way to the bank（断片的な情報を教えるのは tell。身をもって示す、つまり、わかるところまで連れていくなら show を使う）(6) teach, French（体系的な知識を教えるのは teach）
C.(1) find 彼のアイデアはとても面白いと思う（この find は think に近いが、find は、知らなかったこと、わからなかったことに「気づく」というニュアンス）(2) keep それは秘密にしておいてください (3) leave ほっといて、迷惑よ (4) drives 彼女はいつも僕を怒らせる（drive someone crazy で、人を「狂った」状態に駆りたてる）
D.(1) reminds, of 寛志を見るといつも彼の父を思い出す (2) praised, for 彼は自分が作った作品のために大いにほめられた (3) provided, with 救助隊員は地震被災者に臨時の避難所を提供した (4) stopped, from 警官は洪水警報のために、私たちがその橋を渡るのを止めさせた（stop A from doing で「Aが……するのをやめさせる」）

## 2. 人（モノ）の行為に働きかける動詞

(1) let, travel ついに両親は彼女にひとりでヨーロッパ旅行をするのを許した (2) would like, to stay ぜひひと晩泊まっていってください (3) made, work 昨日また上司は僕に残業させた (4) felt, touch 電車の中で誰かが私に触るのを感じた (5) keep, informed（[me BE informed]の状況、つまり、私が情報を伝えられている状況を維持してくださいということ）(6) had, picked 彼は人ごみの中ですられた（have A done には、Aを……させる［してもらう］／Aを……される／Aを……してしまう、などの用法があるが、どれも、A is done という受身の状況は共通している）(7) Get, finished その仕事は明日までに終えてくれ（get A done にも、6の have A done と同様の解釈の幅があるが、get のほうが、より積極的にその状況をゲットする感じで、have より動きや変化が強調される）

## 3. 動詞チャンク（時制）のしくみ

went（後ろの explained と時間軸を合わせる）、has been endangered（endanger は「……を危険にさらす；（動植物）を絶滅の危機にさらす」という他動詞なので、形としては受身のものを選ぶ。endangered は「危険にさらされた」を意味する形容詞になっているので、have+been+形容詞で、その状態が今にいたるまで続いているということ）、had done (and の後ろも had alerted と過去完了になっている)、confuses（ネオンの明かりがカメの方向感覚を混乱させるというのは、習慣的な事実としていつでも通用する。そこで、過去も未来もひっくるめる現在形を選ぶ）、are emerging（眼前に、動いているカメを観察しているので be+doing の形がふさわしい。p.68～69参照）、are making（ここでも現に動いているものを眼前に観察している）、will survive（どれだけ多くの子ガメが生き残って親ガメになれるかと、未来へむけて思い描いている）、will see（やがて浜辺にもどってくるところを見たいと、未来を想定して期待を述べている）、did（今、子ガメが海へむかっ

239

て行くのを見ているとすると、母ガメが浜辺に巣ごもりに来たというのは、回想シーンにあたるので return(ed) to the beach to nest の意味で did を選ぶ)
**＜チャンク・リーディングによる解釈例＞**
　リンダがフロリダの海洋生物センターに行ったとき／ラリーという海洋生物学者が／彼女に説明した。「海ガメはかつて浜辺に来ていました／この地域では．しかし／土地開発のために／海ガメたちの棲息地は／危機にさらされています」
　ラリーは（すでに）研究を行っていた／海ガメの巣ごもりのパターンについて／そして彼は注意していた／海岸沿いのすべてのリゾートホテルに／ネオンサインを消すように／巣ごもりのシーズンには。ネオンの光は／海ガメの方向感覚を混乱させる（からだ）。２カ月後／リンダは歩いている／近所の人たちと／浜辺を／ある日の朝早く。彼女は気づく／数百匹の海ガメのあかちゃんたちが／巣から出てきていることに。「見て」彼女は興奮していう。「あれ（子ガメたち）を見て。子ガメたちが海の中に入っていくわ。人生の旅路の始まりね。どれくらい多くの子ガメが生き残って／大人になるかしら。また見られるといいわね／巣ごもりにもどってくるところを／お母さんガメたちがそうしたように」※チャンク・リーディングについては、実践編「チャンク・リーディング」を参照。

### 4. 変化が見えない単純系 vs 変化が見える進行形
(1) is going on いったいどうしたの（何が進行しているのかということで、眼前に観察可能な事態が進行しているから進行形にする）、are you making なんでそんなにやかましいの（do you make では習慣的なことになってしまう）　(2) A: Are you まじめな話しですか？（一時性を強調して Are you being serious? とすることも可能だが、ふつうは Are you serious? とする）、B: am kidding 冗談です（be kidding の進行形で「冗談をいっている」）　(3) are you talking 何のことをいっているんだ、was (just) drinking 同僚と飲んでいた（だけど）よ（drank も間違いではないが、過去の一時点において進行していた動作をイメージしやすいので、過去進行形がよりふさわしい）　(4) Are you having 海外に赴任することについて考え直しているんですか？（have second thoughts about で「……について考え直す」この have は所有というよりも動的な経験としてとらえているので、進行形にできる）
B. stays（習慣的なことなので単純形にする）、is（天候の状態を示すので現在形で十分）、has（ある種の所有とみなされるので進行形にはしない）、is using（観察可能な事態の進行を示しているので進行形にする）
**＜チャンク・リーディングによる解釈例＞**
　ふだん／彼女は室内にとどまる／日差しが強すぎるときは。しかし今日は／彼女にはしなくてはならないある仕事がある。だから彼女は駅まで歩かなくてはならない。それが理由で／彼女は黒い日傘を使っている／肌を紫外線から守るために。

### 5. 今への影響を語る現在完了
A. ア I did it!（まだ現在の経験空間の中に取り込んでいない）
　イ I have done it!（現在の経験空間の中でそれをかみしめている）
B.1. got, had already hit 球場に着いたときには松井はすでに同点ホームランを打った後だった　2. saw, said, had been waiting 孝に会ったとき、彼は彼女を2時間以上も待ち続けているといった（まだその行為が続いていきそうなニュアンスを完

了進行形で示している） 3. join, will (already) have drunk 僕がパーティに合流する頃には、友だちは皆飲み過ぎているだろう（未来の一時点ですでに完了していることを想定している。will already have been drinking で未来の時点からさらに続いていく感じを示すこともできるが、ややまれ。join はとりあえず時の一点を確定するための現在形（p.82 参照） 4. have been preparing A：ジャングル探検旅行に行くんだってね B：うん、そうなんだ。長いこと備品を準備してきたんだ（現在にいたる継続なので、過去進行形などで代用することはできない）

## 6. 何をされてどうなっているか＝受身

A. (1) was laughed at by 私はみなに笑われた（熟語の受身では前置詞を落とさないように注意） (2) made to steal, caught 彼は不良仲間に店から何か盗むように強いられて、警察に捕まった（使役の make や知覚の see, hear, feel などは、能動では V + A + do とするが、その受身は A + be done + to do となる。caught は was とつながる過去の受身。has caught では自分が誰かを捕まえたとなってしまい、have been...は主語が He なのでおかしい） (3) are being inspected その原子力発電所は、安全性に対する有害要因(hazards)がないかどうか検査されているところだ（現在進行中の受身） (4) have been issued その地域の電力会社から省エネの指示が出されている

B. been conditioned（子供は条件づけされる側なので受身の形を選ぶ A is conditioned to do で「Aは……するように条件づけされている、慣らされている」）、resolved（all problems と resolved のあいだにBEをイメージして考える。p.62 参照）、are quickly upset（この upset は受身の分詞。英語では感情の変化を示す動詞はほとんどが他動詞で、受身の形で日本語のふつうの（能動）表現にあたる）

＜チャンク・リーディングによる解釈例＞
子供たちは慣らされている／あらゆる問題が解決されるのを見ることに／１時間未満で／テレビでは／だからかれらはすぐ腹を立てる／どんなものでも瞬間の満足に満たないものには。

## 7. 未来の表現を使い分ける

A. (1) will have 天気予報では今週末まで晴天だろうといっている (2) will be 彼は来月20歳になります（日付は何が起ころうと確定しているが、人の年齢はその人が無事に生活していないといけない、つまり、不確実性が残るから will be とする）(3) is scheduled 来週の日曜は山梨でのゴルフトーナメントのスケジュールが組まれている（ゴルフをするのは未来でもそのスケジュールは確実なものとして今ある）

B. 「信じないと思うけど、あの人たちは先月結婚したばかりなのに、マイホームを買いつつあるのよ」が全体の意味。be going to do は、すでに行為にむかっていてスタート地点は前にある感じがする。そこで You are not going to believe this. には、「こんなことをいっても信じないだろうと思ってた（すでに予想していた）んだけど」というニュアンスがこもることになる。一方、You will not believe this. だと、単に現時点からの未来への予測となるから、今ふと思いついたことをいっている感じになる。they're buying their own home は、すでに動作が進行していて慌

しささえ感じられる。ところが、they will buy their own home としてしまうと、まだ先の不確実なことの推量となり、差し迫った感じがなくなって、ちょっと拍子抜けしてしまう。
C. a.ウ will move　b.エ are moving　c.ア move　d.オ are going to move　e.イ will be moving

## 8. 助動詞（1）
A.1. should 両親は敬うべきだ（常識として「すべきだ」は should がピッタリ。have to do は＜行為にむかう＞という状況を have するから、やはり、もっとも客観的で個別的な感じがする。must は「どうしてもしないわけにはいかない」という切迫感があり、had better は「しないとまずいぞ」という警告的な響きもある）　2. has to 招待状には「礼服着用」とあるから、彼はタキシードを借りなくてはならない（has to do が個別的なことを客観的に述べるのに適している）　3. had better 言葉づかいに気をつけたほうがいいぞ（警告的な感じを出すには had better がふさわしい）
B.(1)「ジェインは子供を育てるべきかどうかということに関して自分自身の考えを持っている」ア. should（常識に照らして「すべきだ」というときは should が合う）　イ. must（執着心を示すには強制力の must がふさわしい）　(2)「若いときには生活スタイルに気をつけないといけない。なぜなら後になってからそれで苦しむことになるからだ」ア. must（そうしないわけにはいかないよというニュアンスがある）　イ. should（ふつうそうするべきでしょうけどねという感じ）

## 9. 助動詞（2）
1. would always 彼は子供の頃よく祖母をたずねたものだった（……し[ようとし]たものだという過去の習慣。as a child は「子供の頃」で he was を補って考える）、would rather（学生になってからは友達と一緒にいることをのぞんだ）　2. A. may そういったかもしれないけど、覚えてないなあ（I don't remember とあるので、must で確信を示すのはおかしい）　B. must あら、いったにちがいないわ。だって、そのことばを聞いて私は涙を流したのを覚えているんですから（because 以下を論拠にして「いったにちがいない」と断定している）　3. need not, would 若者はそのヤミ金融会社から金を借りて、すっかり借金づけになってしまった。父はいった。「そんなことをする必要はなかったのに。私がその金を貸してやったのに」（どちらも、現実に起きたことの反対を述べている。後ろの文では、一言いってくれたらというような条件を補って考えるとわかりやすい）　4.※＝should, could, can't タイトル"やるべきだったし、やろうと思えばできた、でもやらなかった"期末試験が近づいてきて、その学生は後悔している。「過去一年の家での課題をやっておくべきだった」これじゃ試験に通らないだろう。もう手遅れだ」学ぶべき教訓"時計を逆行させることはできない"（最後の空所以外は、「やろうと思えばできたのに」という後悔が示されている）

## 10. 助動詞（3）
A.1. would 宇宙に都市が築かれるようになるだろうか。僕らが生きているうちはまずあり得ないだろうね（would を使うことで現実の話ではないという感じを出している）
2. might 家庭でのコミュニケーションの欠如は、場合によっては、青少年の非行につ

ながることがあり得るでしょう。 3. couldn't A：天気はどんな感じでした？ B：あれ以上ないというくらい、いい天気でした（あれ以上にいい天気はあり得なかったでしょうと、事実の反対のことをいっているので、仮定法過去完了になる。can't だと、天気がよりよかったはずがないとなって意味が通じなくなる）

B.1. might ビジネスにおいて、日本人のふるまい方は自信が不足していると感じられることが多い。しかし、そこには、文化的な解釈の誤りがあるかもしれない（might によって、断定を避けて婉曲な言い回しにしている） 2. could 義理の母はがっかりして若い嫁をじっと見ている。その落胆ぶりは、嫁が家庭を守る者としてまったく能力がないということを示している。そこで、妻を守り励まそうとして、夫はいった。「彼女は料理を身につけられるよ」（やろうと思えば、頑張れば、というような条件を補って could を選ぶ）

## ■副詞チャンク

### 1. チャンクは表現の宝庫

A.（1）hardly→hard 期末試験が近づいているので、彼はかなり一生懸命勉強している（hardly は「ほとんど……ない」という否定の副詞で文中の位置で使う）（2）late→lately 彼とは以前よく話したけど、彼が引っ越して以来、最近は会ってない（3）looks always→always looks 明子はクラスの皆の前ではいつも幸せそうに見える（always などの頻度の副詞はふつう一般動詞の前にくる）（4）much→very 私は彼女に手紙を書いたけど、ひどくガッカリしたことに彼女が返事をよこさなかった（disappointing は分詞から形容詞化しているので very で修飾する）
B.（1）ア. Naturally, she can speak French. 彼女がフランス語を話せるのは当然だ（文頭で文全体を修飾する。She can naturally speak French. のように文中でも同じ解釈が可能だが、この位置では「生まれつき」という解釈もある）イ. She can speak French naturally. 彼女はフランス語をスラスラと話せる（文尾では動詞を修飾する）（2）ア. Honestly, she didn't talk to me. 正直な話、彼女は僕に話しかけなかった イ. She didn't talk to me honestly. 彼女は僕に誠実には話さなかった

### 2. 前口上のイントロ

（1）They thought they would win. に surely をたして「（巨人は大量にリードしていた）彼らはきっと勝つと思った」とする。They thought they would surely win. が自然だが、特に話しコトバでは、surely は文頭、文尾も含めてどこに置いても理解できる。To our surprise, the Tigers picked up 11 runs in one inning and won the game. 驚いたことに、タイガースは１イニングに１１点も取って試合に勝った（The tigers, to our surprise, picked up...として SV の間にはさんだり、文尾で後づけとして使うこともできる）
（2）Obviously, he can't control his drinking. どうみても（明白に）、彼は酒がまわって押さえがきかないのだ。さっき道でよろめいているところを見た（Obviously はイントロが自然だが、文尾でも理解可能。ただし、主語が代名詞で短いので SV の間にはさむことはふつうはしない）
（3）Definitely not, with the current rise in crime. A:東京に暮らしていて十

分に安全に暮らせると思いますか？ B：断じてそうは思わない。現在の犯罪の増大があるのですから（Definitely not. は I don't think so.を強調したような表現。With 以下は今ともなっている状況を根拠としてあげている。definitely not は後付けで使うこともできる）

（4）To my disappointment, nothing arrived. 彼は誕生日に小包を送ってくれると約束した。でもガッカリしたことに、何も届かなかった（イントロまたは後づけでも可能。SとVがそれぞれ1語しかないので間に入れるのはリズム的に不自然）

（5）Frankly speaking, as far as I'm concerned, I don't care what you do. スカーレット・オハラが悲しげな声でたずねる「私はどうしたらいいのかしら」レット・バトラーはこう答える「思っているとおりにいえばね、そんなことは知ったこっちゃないさ」彼の答えの意味は「率直にいって、僕に関する限り、君が何をしようと構わないさ。やりたいようにやってくれりゃいい」（この他、思いついた順につけたしていくことが可能）

### 3．状況設定のイントロ
※訳文にスラッシュがあるものは、チャンクで切って順送り解釈をしています（「順送り解釈」については「チャンク・リーディング」参照）。

A．(1) For the purpose of, by, using 省エネのために／政府関連のすべての施設は／模範を示している／エアコンを使わないことによって（for the purpose of doing は「……するために」という動名詞を使った決まり文句。動名詞の否定はnot doingなので、「……しないことによって」はby not doing）(2) Situated in the desert, using camels 砂漠の中に（位置づけられて）暮らしている／中東諸国の人々は／商品を運ぶ／ラクダを使って（イントロになっているのは受身の分詞構文で、be situated[located] in...「……に位置している（←位置づけられる）」がもとの表現。後づけで使われているのも分詞構文）(3) At a press conference, in the day その日遅くの記者会見で／警察は言った／殺人事件の容疑がかけられている少年が／その罪を認めたと（At...in ……の前置詞句で時空のフレームを設定してから本題に入っている）

B．(1) ア．Compared with the same time last year, the jobless rate has slightly increased. 昨年の同時期と比べて、失業率はわずかに上昇している（主語の失業率は比較される側なのでcomparedとして受身の分詞構文を使う）イ．The jobless rate, compared with the same time last year, has slightly increased.　ウ．The jobless rate has slightly increased compared with the same time last year. (2) ア．Not knowing the security of her husband's job, Naoko decided to keep her own (job). 夫の仕事の安定性がわからなくて、直子は自分の仕事を続けようと決めた（……しないでという否定の分詞構文）イ．Naoko, not knowing the security of her husband's job, decided to keep her own (job). ウ．Naoko decided to keep her own job, not knowing the security of her husband's job.

### 4．何をどれだけ否定する？
A．(1) far from a good golfer 私は決してゴルフがうまくない（far from...で「……からほど遠い、決して……ではない」）(2) is free from traffic jams この都市は交通渋滞がない（free from...で「……から開放されて自由な、(イヤなもの)が

ない」（3）more than I can stand 彼の無礼さは私には我慢できない（standはじっと立っていられるということから「我慢する」の意味になる。more than I can standで「我慢できるラインを超えている＝我慢できない」となる）
B.（1）I can never see you without recalling your father. あなたに会うといつもお父さんのことを思い出すわ（never...without doingで「〜すれば必ず……する／……せずに〜することはない」）（2）He is not without a sense of humor. 彼はユーモアの感覚がないわけではない（not without...で「……がないわけではない」という二重否定。婉曲表現の一種）
C.（1）Hardly had he received his paycheck than he wasted his money on horse racing. 彼は給料をもらったとたんにそのお金を競馬に浪費してしまった（2）Not only did he design the plan but he carried it out. 彼は計画を立てただけでなくそれを実行した

## 5．節の副詞チャンク（1）

A. 1. The moment we gave up watching sumo beside the ring, some spectators left and gave their tickets. 私たちが土俵際で相撲を観るのをあきらめたちょうどそのとき、数名の観客がチケットをくれて立ち去った 2.She was permitted to graduate with her fellow classmates on condition that she took the summer intensive course.彼女はクラスメートと一緒に卒業することを許された／夏の集中講座をけるという条件で 3. Now that there are many types of schools, students can choose their educational direction. 今やさまざまなタイプの学校があるので、学生は自分が受ける教育の方向性を選ぶことができる 4. I installed a security alarm system for fear a burglar might enter my house. 私は警報システムを設置した／泥棒が家に入ってくることを恐れて
B. 1. Should advertisements come in 万一広告が郵便箱に入っていたら、捨てちゃってください 2. Were it not for the noise from, would be 工事現場からくる騒音さえければ、彼女の近所は住むのに快適な場所なのに 3. would not have entered, had they had better 多く青少年は犯罪の世界に足を踏み入れることはなかっただろう／両親ともっとしっかりコミュニケーションをとっていたならば 4. would have been expected 江戸時代であったら、息子は父の稼業を継ぐことを期待されただろう（単にwas expectedとすると事実としてそう期待されていたということになる。ヒントの状況から、今は許されるけれども、当時だったらそうはいかなかったでしょうと、過去のことを仮想していることが分かるので仮定法過去完了にする）5. 〜 what I would otherwise have forgotten 君は私が忘れてしまっていたであろうことを思い出させてくれた（otherwiseは「君が僕に思い出させてくれていなかったら」という意味で、全文を「君が思い出させてくれたから忘れずにすんだ」と解釈することもできる）

## 6．節の副詞チャンク（2）

A.（1）Whether, or 人は金持ちであれ貧乏であれ、誰でも病気にかかる（2）No other, so, as 歴史上、現在ほど激動の時代はかつてなかった（3）not so much, as 言語の方言は見知らぬ人たちを切り離しておくだけでなく同じ地域の人々

をひとつにつなぐ（4）So, that 太平洋の波がとても荒かったので／赤い警告の旗が海岸に掲げられ／泳いでいる人たちに危険を警告した
B.（1）No matter what happens, I will do this, because it's vital.（2）No matter where you go, I'll follow you, as long as I'm alive.（3）No matter where you are, don't forget we're friends, in case you feel lonely.（4）No matter what job you do, you have to do your utmost, so that you can feel a sense of pride.（5）No matter how busy you are, you have to devote time to your children, unless you want to feel regret in the future.（6）No matter how rich you are, you can't look down on other people, because money isn't everything.

■形容詞のはたらき

1. コトを語る形容詞
A. (1)ア）Cute. → イ）That baby is cute. (2) ア）Scary. → イ）This movie is scary.(3)ア）Tough[Difficult]. → イ）This problem is tough[difficult]. (4) ア）Funny[Interesting]. → イ）That comic is funny [interesting]. (5) ア）Boring. → イ）His story [speech, lecture] is boring. B.(1) smell fragrant この熱帯植物は素晴らしい香りがする (2) lay motionless ケガをした人はしばらく動かずに横たわっていた (3) become stubborn, grow old 人は頑固になる、年をとるにつれて(4) remained silent 先生は私の無関心な態度に黙っていた

2. 情報展開をトリガーする形容詞
（1）Easy.→It's easy.→It's easy (for me) to beat him in a debate.（2）Impossible.→It's impossible.→It's impossible for you to get promoted this year.（3）Dangerous.→It's dangerous.→It's dangerous for a woman[lady] to walk alone this late (at night).（4）Kind[Nice].→It's kind[nice] of you.→It's kind[nice] of you to drive us home. ※あくまで訓練を目的としてKind[Nice]も1語から始めているが、実際には、このタイプの人柄の形容詞ではKind[Nice] of you.が最小単位と考えたほうが自然）（5）Exciting.→It's exciting.→It's exciting to have a new teacher. (6) Depressed.→I'm depressed.→I'm depressed because I deleted the data on my computer by mistake.

■前置詞のはたらき

1. 前置詞（1）
（1）in, for, at 新しいラーメン屋で食べるのに2時間も並んで待った（2）With, on, with 腰に手をあてて彼はいった、「聞いて[わかって]るのか」と（3）in, in その少年はブランコが顔にぶつかって痛がっていた（4）with, by 彼は通り魔にナイフで殺された（5）from, to, for 彼女は都会から田舎へ引っ越した、それは良い変

# 問題の解答と解説

化だった(to the city from the countrysideとすると状況設定と矛盾してしまう)

## 2．前置詞（2）

(1) in (2)of (3)by (4)from (5)with (6)into (7)through (8)between (9)to (10)down (11)into (12)through (13)around and about (14)on (15)In (16)from (17)with (18)to (19)With (20) in (21) of (22) in (23) from

＜チャンク・リーディングによる解釈例＞

それが起きたのは ／ 茨城の山間部だった。腐った木の板が ／ ある捨て去られた炭鉱を覆っていた ／ （その炭鉱は）明治初期の時代の炭鉱労働者によって残されたものだった。鉄郎は子供のような好奇心を抱いて ／ 深い穴の中をのぞきこんだ ／ 木の板の間のすきまの向こうを見ようとして。突然 ／ その木は彼の体重に負けて崩れ ／ 彼は転がり落ちた／暗闇の奥へ。かろうじて十分な日光があった ／ （その光は）ぽっかり開いた穴から差し込んでいた。恐れを抱かず ／ 彼はあたりを見まわして ／ 自分の進む方向を決めた。鉄郎は一時しのぎに作られた通気孔の中を通ってこう這っていった。岩の重なりの中に ／ 彼は鎖を見つけた ／ そしてその鎖についていたのは ／ 旧い懐中時計だった ／ （それに）ある名が刻まれている。それは「鉄男」と書かれてあった。救出された後 ／ 鉄郎はその時計をおばあさんにみせた。目に涙を浮かべて ／ お婆さんは話をした ／ どうやっておじいさんがその炭鉱でなくなったのかという。その時計は結婚の贈り物だった ／ お婆さんから（おじいさんへ）の。

## 実践編　＜スピーキング＞　EXERCISESの解答（例）

p.168　① **A:** When they leave the pachinko parlor / and they go out with their prizes, / they take them around the corner / ... yeah.
**B:** And often the place where you cash in your / ... your little chips / or whatever you win, / it's right beside a koban.
**A:** Yeah, I know. / It's so funny. Maybe here it's / ... maybe here the under-the-table stuff is a little bit more obvious, / I think.
**C:** So it's not really under the table, / it's, like, / under the / ... maybe under the chair.
**A:** Or maybe under the cellophane / 'cause you can see it. / Underneath the glass table.

p.170　② **B.** But you know, / to me, / Tokyo is far worse in the summer. / You can't breathe. / It's hot. / Kyoto may be hot but / there's trees and sky and stuff around,

p.171　③ ①I've had a cold for a whole week / ②and it hasn't gotten better at all. / ③I mean, maybe it's gotten a little better, /④ but not by that much. / ⑤So I'd really like to take a few days off, /⑥ but that won't be possible for the time being .

247

## 著者紹介

**田中茂範**
（たなか　しげのり）
慶応義塾大学環境情報学部教授。コロンビア大学大学院博士課程（応用言語学）修了（Ed.D）。研究領域は英語教育。NHK教育テレビ『新感覚☆わかる使える英文法』(2007年度)で講師を務める。現在は、英語学習サイト・ココネの監修も務めている。著書に『英語の発想と基本語力をイメージで身につける本』(コスモピア／共著)、『文法がわかれば英語はわかる』(NHKブックス)、『Eゲイト英和辞典』(ベネッセコーポレーション／代表編者)などがある。

**佐藤芳明**
（さとう　よしあき）
慶応義塾大学環境情報学部訪問講師。元慶應義塾大学SFC研究所上席訪問研究員。専門は、認知言語学、英語教育、語彙文法。田中茂範教授に師事し、認知意味論、意味づけ論、英語教授法等の指導を受ける。現在は、チャンクの発想と語彙文法の視点を融合した文法指導・読解指導のあり方を探求している。著書に、『イメージでわかる単語帳』(共著、NHK出版)、『レキシカル・グラマーへの招待』(共著、開拓社)などがある。

**河原清志**
（かわはら　きよし）
元慶應義塾大学SFC研究所上席訪問研究員。現在は、東京外国語大学大学院、青山学院大学、津田塾大学、神戸女学院大学大学院などの講師を務める。専門は通訳翻訳学、認知言語学、英語教育。田中茂範教授より直接指導を受け、認知意味論や意味づけ論を学ぶ。現在はそれを通訳翻訳研究に応用している。著書に、『Eゲイト英和辞典』(執筆、ベネッセコーポレーション)、『イメージでわかる単語帳』(共著、NHK出版)などがある。

著者3名は、NHK教育テレビ「新感覚☆キーワードで英会話」(2006年度)の講師陣。3名による共著に、『絵で英単語—動詞編』(ワニブックス)、『新感覚☆キーワードで英会話　イメージでわかる単語帳』(NHKブックス)。

## チャンク英文法

2003年10月30日　　第1版第1刷発行
2011年 8月10日　　第1版第4刷発行

著者　田中茂範／佐藤芳明／河原清志

装丁　B.C.（稲野　清、見留　裕）

表紙写真撮影　徳永新一
表紙撮影協力　天賞堂、三橋スタジオ

本文イラスト　高野直子

英文作成協力：リンダ・ハウズマン
英文作成協力及び英文校正：ガイ・ホーブツ

編集協力　相原律子

発行人／坂本由子
発行所／コスモピア株式会社
〒151-0053　東京都渋谷区代々木4-36-4　MCビル2F
TEL:03-5302-8377　email：editorial@cosmopier.com
http://www.cosmopier.com
http://www.kikuyomu.com

印刷・製本　朝日メディアインターナショナル株式会社

©2003 Shigenori Tanaka, Yoshiaki Sato, Kiyoshi Kawahara

# 出版案内

## 映像と表現を合体化させた！
## 英語の発想と基本語力をイメージで身につける本

英語↔日本語の翻訳ではなく、英語で理解し表現する力が「英語の発想」。基本語は誰でも知っている単語ばかりですが、それらを使いこなす「基本語力」となると、上級者にとってもひとつの課題。このふたつは英語の基盤です。本書はオールカラーの誌面に、オンライン英語学習サイト「ココネ」のダイナミックな動画イメージを再現し、書籍ならではの詳細な解説を加えて、ふたつの力を同時に体得できるように構成。ココネとのコラボで実現した本です。

**【本書の内容】**
- catch 動いているものをパッとつかまえる
- come 視点が置かれているところに移動する
- take 自分のところへ取り込む
- of 切っても切れない関係を表す
- off 接触した状態から分離して

他

・誌面の連続画像を目で追うことで発想のプロセスがストンとわかる

著者：田中 茂範＆ cocone
A5判書籍154ページ

定価1,575円
（本体1,500円+税）

---

## コスモピア・サポート

### いますぐご登録ください！ 無料

### 「コスモピア・サポート」は大切なCDを補償します

使っている途中でキズがついたり、何らかの原因で再生できなくなったCDを、コスモピアは無料で補償いたします。
一度ご登録いただければ、今後ご購入いただく弊社出版物のCDにも適用されます。

**登録申込方法**
本書はさみ込みハガキに必要事項ご記入のうえ郵送してください。

**補償内容**
「コスモピア・サポート」に登録後、使用中のCDにキズ・割れなどによる再生不良が発生した場合、理由の如何にかかわらず新しいCDと交換いたします（書籍本体は対象外です）。

**交換方法**
1. 交換を希望されるCDを下記までお送りください（弊社までの送料はご負担ください）。
2. 折り返し弊社より新しいCDをお送りいたします。
   CD送付先
   〒151-0053　東京都渋谷区代々木4-36-4
   コスモピア株式会社「コスモピア・サポート」係

★下記の場合は補償の対象外とさせていただきますのでご了承ください。
- 紛失等の理由でCDのご送付がない場合
- 送付先が海外の場合
- 改訂版が刊行されて6カ月が経過している場合
- 対象商品が絶版等になって6カ月が経過している場合
- 「コスモピア・サポート」に登録がない場合

＊製品の品質管理には万全を期していますが、万一ご購入時点で不都合がある「初期不良」は別途対応させていただきます。下記までご連絡ください。

連絡先：TEL 03-5302-8378
　　　　FAX 03-5302-8399
「コスモピア・サポート」係

全国の書店で発売中！　　　　www.cosmopier.com

# 出版案内

## 耳からマスター！しゃべる英文法
**使えない知識を「使える英語」に！**

学校でずっと勉強したのに話せないのは、授業が「話す」ためのものではなかったから。本気で話せるようになりたければ、「大量のインプット」＋「少しのアウトプット」で、英文法を自動的に使いこなせるようにするのが正解です。その絶妙な組み合わせのトレーニングを実現した、学習者待望の1冊。

著者：白井 恭弘
A5判書籍184ページ＋CD2枚（64分、68分）
**定価1,890円**（本体1,800円＋税）

## 現地なま録音 アメリカ英語を聞く
**手加減なしの街の人の声で大特訓！**

しっかり予習してアメリカに行ったのに、「全然聞き取れなかった」とショックを受けて帰国することが多いのは、スタジオ録音と生の英語のギャップが原因。NYとワシントンで録音してきた現地英語は、周囲の騒音やなまり、さまざまな音変化のオンパレード。3段階トレーニングで、本物の音を徹底攻略します。

著者：西村友美／中村昌弘
A5判書籍167ページ＋CD1枚（52分）
**定価1,890円**（本体1,800円＋税）

## 英会話1000本ノック〈入門編〉
**初心者にやさしいノックがたくさん！**

『英会話1000本ノック』のCDに収録されているのが質問のみであるのに対し、『入門編』は質問→ポーズ→模範回答の順で録音されているので、ポーズの間に自力で答えられないノックがあっても大丈夫。5級からスタートして、200本ずつのノックに答えて1級まで進級するステップアップ・レッスン。

著者：スティーブ・ソレイシィ
A5判書籍184ページ＋CD2枚（各72分、71分）
**定価1,764円**（本体1,680円＋税）

## 英会話1000本ノック
**まるでマンツーマンの英会話レッスン！**

ひとりで、どこでもできる画期的な英会話レッスン。ソレイシィコーチが2枚のCDから次々に繰り出す1000本の質問に、CDのポーズの間にドンドン答えていくことで、沈黙せずにパッと答える瞬発力と、3ステップで会話をはずませる本物の力を養成します。ソレイシィコーチの親身なアドバイスも満載。

著者：スティーブ・ソレイシィ
A5判書籍237ページ＋CD2枚（各74分）
**定価1,890円**（本体1,800円＋税）

## 中国語1000本ノック超入門
**日本人が苦手な発音の大特訓！**

CDから次々に流れてくる質問や課題に答える1000本ノックは、集中力が続く学習法。その効果はてきめんです。最初はCDのあとについて真似をするオウム返し、次にCDの中国語を日本語に直す、逆に日本語を中国語に言い換えるなど、ハードながら楽しいノックがいっぱい。音声はMP3形式でCD-ROMに収録。

監修：相原 茂
著者：張 曄
A5サイズ書籍160ページ＋CD-ROM1枚
**定価1,890円**（本体1,800円＋税）

## 韓国語1000本ノック超入門
**韓流会話はここからスタート！**

まずはCDのあとについて真似をして発音、CDから流れる質問にすぐ答える、ロールプレイで会話のキャッチボールを続けるなど、韓国語を実際にたくさん口に出すことを実現します。正しい単語当てクイズ、四択クイズ、迷路クイズなど、八田コーチならではの楽しい工夫もいっぱい。音声はMP3形式でCD-ROMに収録。

著者：八田 靖史
A5サイズ書籍160ページ＋CD-ROM1枚
**定価1,890円**（本体1,800円＋税）

全国の書店で発売中！　　www.cosmopier.com

## コスモピア　出版案内

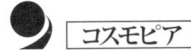

### 決定版 英語シャドーイング〈超入門〉
**ここからスタートするのが正解！**

シャドーイングは現在の英語力より何段階か下のレベルから始めると、コツがうまくつかめます。そこでひとつが20〜30秒と短く、かつスピードもゆっくりの素材を集めました。日常会話や海外旅行の定番表現、実感を込めて繰り返し練習できる感情表現がたくさん。継続学習を成功させる記録手帳付き。

編著：玉井 健
A5判書籍210ページ＋CD1枚（73分）
**定価1,764円（本体1,680円＋税）**

---

### 仕事で使う英会話
**シャドーイングで耳から鍛える！**

多くの企業が海外に活路を求めるいま、英語力のニーズはかつてないほど高まっています。本書は会議、商談、電話、出張など、57場面の会話をシャドーイングで身につけようというもの。国際ビジネスの背景知識もアドバイスします。速効性のあるシャドーイングはTOEICテスト対策にもおすすめです。

著者：アレックス M.林／八木 達也
A5判書籍154ページ＋CD1枚（54分）
**定価1,680円（本体1,600円＋税）**

---

### 決定版 英語シャドーイング〈入門編〉
**聞く力がグングン伸びる！**

リスニングに抜群の速効があり、短期間で効果を実感できるシャドーイング。『入門編』では、スピードはゆっくりながら、ひとつが2〜3分とやや長めの素材を提供します。名作の朗読や、小学校の理科と算数の模擬授業、ロバート・F・ケネディのキング牧師暗殺を悼むスピーチなど、やりがい十分です。

編著：玉井 健
A5判書籍194ページ＋CD1枚（71分）
**定価1,680円（本体1,600円＋税）**

---

### 日常英会話。ほんとに使える表現500
**ミニドラマで楽しくレッスン**

外資系企業に転職した28歳の主人公が、上司や同僚、その友人や家族に囲まれながら、英語にも仕事にも次第に自信をつけていく過程を描いた1年間のミニドラマ。24シーン、各2〜3分の会話の中に、よく使われる表現を平均20個もアレンジしました。イキイキしたセリフはシャドーイングの練習に最適

著者：キャスリーン・フィッシュマン／坂本 光代
A5判書籍232ページ＋CD1枚（68分）
**定価1,890円（本体1,800円＋税）**

---

### 決定版 英語シャドーイング
**最強の学習法を科学する！**

音声を聞きながら、即座にそのまま口に出し、影のようにそっとついていくシャドーイング。「最強のトレーニング」と評される理論的根拠を明快に示し、ニュースやフリートーク、企業研修のライブ中継、さらにはトム・クルーズ、アンジェリーナ・ジョリーへのインタビューも使って、実践トレーニングを積みます。

著者：門田 修平／玉井 健
A5判書籍248ページ＋CD1枚（73分）
**定価1,890円（本体1,800円＋税）**

---

### 言いまくり！英語スピーキング入門
**本書では沈黙は「禁！」**

「あいさつ程度」から脱却するべく、描写力・説明力を徹底的に鍛える1冊。写真やイラストといった「視覚素材」を使って、考える→単語を探す→文を作る→口に出すという一連のプロセスのスピードアップを図り、見た瞬間から英語が口をついて出てくるようにするユニークなトレーニングブックです。

著者：高橋 基治／ロバート・オハラ
A5判書籍184ページ＋CD1枚（54分）
**定価1,680円（本体1,600円＋税）**

---

全国の書店で発売中！　　www.cosmopier.com

# 出版案内

## めざせ！100万語 英語多読入門
### やさしい本からどんどん読もう！

「辞書は引かない」「わからないところはとばす」「つまらなければやめる」の多読三原則に従って、ごくやさしい本からたくさん読むことが英語力アップの秘訣。本書を読めば、多読の大きな効果とその根拠、100万語達成までの道のりのすべてがわかります。洋書6冊を本誌に収め、CDには朗読を収録。

監修・著：古川 昭夫
著者：上田 敦子
A5判書籍236ページ＋CD1枚（50分）

**定価1,890円**（本体1,800円＋税）

## 英語多読完全ブックガイド〈改訂第3版〉
### 洋書13,000冊の最新データベース

リーダー、児童書、ペーパーバックなど、多読におすすめの洋書13,000冊を選定。英語レベル別に特選本を推薦しているほか、すべての本に、読みやすさレベル、おすすめ度、総語数、ジャンル、コメント、ISBNのデータを掲載。次にどの本を読もうと思ったときにすぐに役立つ、多読必携のブックガイドです。

編著：古川 昭夫／神田 みなみ
A5判書籍512ページ

**定価2,940円**（本体2,800円＋税）

## 「ハリー・ポッター」Vol.1が英語で楽しく読める本
### 原書で読めばもっともっと楽しい！

原書と平行して活用できるガイドブック。章ごとに「章題」「章の展開」「登場人物」「語彙リスト」「キーワード」で構成し、特に語彙リストには場面ごとに原書のページと行を表示しているので、辞書なしでラクラク読み通すことができます。呪文や固有名詞の語源や、文化的背景まで詳しく解説。

著者：クリストファー・ベルトン
翻訳：渡辺 順子
A5判書籍176ページ

**定価1,365円**（本体1,300円＋税）

## 英単語 語源ネットワーク
### 語彙力アップの決め手が語源！

英語上級者に単語を覚えた秘訣を聞くと、異口同音に出てくるのが語源。ギリシャ語、ラテン語、ゲルマン語にさかのぼる英語の語源にはドラマがあります。丸暗記は不要。単語の意味を決定する語根と接頭辞からネットワーク的に覚えていく方法は、忘れにくいうえに未知語への応用が利く王道。

著者：クリストファー・ベルトン／長沼 君主
翻訳：渡辺 順子
A5判書籍228ページ

**定価1,575円**（本体1,500円＋税）

## はじめての英語日記
### 1日3文の日記で決定的な差が出る！

英語で日記を書くことは、自分のことを英語で話す「リハーサル」。自分に最も必要な英語表現が身につきます。毎日3文ずつ続けることの積み重ね、これは英語で何と言うんだろうと考える習慣が、英語力アップに決定的な差を生むのです。1カ月分の日記スペース付きで、その日からスタートできます。

著者：吉田 研作／白井 恭弘
A5判書籍200ページ

**定価1,365円**（本体1,300円＋税）

## 1日まるごと英語日記
### パターン90から自由自在に書ける！

学生からリタイア組まで、さまざまな日記例90を用意。自分にピッタリな例を見つけたら、「入れ替え表現」リストを使って自分なりにアレンジ。まずは自分の1日を英語にしてみる、次に時系列で書く「ジャーナル型日記」、さらにひとつのテーマを掘り下げる「トピック型日記」に挑戦して、表現力をグングン伸ばします。

著者：石黒 加奈
A5判書籍220ページ

**定価1,575円**（本体1,500円＋税）

---

**全国の書店で発売中！** 　　　　www.cosmopier.com

コスモピア　出版案内

## 基礎からの英語eメール仕事術
### ビジネスeメールのマナーから実践まで

海外駐在15年の著者が、仕事を成功に導くeメールの書き方を伝授。シンプルな英語で必要事項を簡潔に伝える「ビジネスライク」な英文に「パーソナル・タッチ」を添えて、相手との信頼関係を築くメール作成のコツを学びます。現役ビジネスマンだから書けたナマナマしいケース・スタディが本書の特長です。

著者：柴田 真一
A5判書籍240ページ
定価2,100円（本体2,000円+税）

## 参加する！英語ミーティング
### 出席するだけから、積極的に発言するへ！

英語会議を録画した膨大な記録データから、日本人の弱点を分析。会議に必要な「英語力」と、あいづち、うなずき、アイコンタクトから始まる「英語力以外の要素」の2方向から、ビジネス・ミーティングのスキルを習得します。誌面にはイラストを多用し、会議に参加しているかのようなOJT感覚で学べます。

著者：田中 宏昌／マイク・ハンドフォード
A5判書籍208ページ+CD1枚（44分）
定価1,890円（本体1,800円+税）

## ダボス会議で聞く世界がわかる英語
### 世界18カ国の英語をリスニング！

「世界経済」「アジア」「21世紀のグローバルな課題」の3つのテーマのもと、ビル・ゲイツ、グーグルのエリック・シュミットをはじめ、アジア、中近東、アフリカ、欧州など、世界18カ国、28名のリーダー達の英語スピーチを収録。最新の世界情勢を知り、生きた時事英語をマスターすることができます。

著者：柴田 真一
A5判書籍208ページ+CD1枚（69分）
定価2,205円（本体2,100円+税）

## 完全保存版 オバマ大統領演説
### キング牧師のスピーチも全文収録！

オバマ大統領の就任演説、勝利宣言、いまや伝説の民主党大会基調演説など5本の演説を全文収録。キング牧師「私には夢がある」演説、ケネディ大統領就任演説も肉声で全文収録。さらにリンカーンとルーズベルトも加えた決定版。英文・対訳・語注とそれぞれの演説の背景解説を付けています。

コスモピア編集部 編
A5判書籍192ページ+CD2枚（70分、62分）
定価1,554円（本体1,480円+税）

## ダボス会議で聞く世界の英語
### ノンネイティブの英語をリスニング！

緒方貞子、マハティール、アナン、ラーニア王妃など、ノンネイティブを中心に20カ国、26名の政財界のリーダーのスピーチを集めました。地球温暖化、テロ、エネルギー資源といった、世界共有のテーマの多種多様な英語のリスニンクに挑戦し、自分らしい英語を堂々と話す姿勢を学び取りましょう。

著者：鶴田 知佳子／柴田 真一
A5判書籍224ページ+CD1枚（64分）
定価2,205円（本体2,100円+税）

## ゴア×ボノ「気候危機」「超貧困」
### ダボス会議スペシャルセッション

ダボス会議からアル・ゴアとロックバンドU2のボノの歴史的対談を収録したCDブック。ゴアの見事なスピーチ、ボノのユーモアを交えて聞き手を巻き込む発言で、地球が直面するテーマの時事英語が学べます。小冊子には英文・対訳・語注を掲載。司会は『フラット化する世界』のトーマス・フリードマン。

コスモピア編集部 編
CD1枚（63分）+小冊子96ページ
定価1,575円（本体1,500円+税）

全国の書店で発売中！　www.cosmopier.com

## コスモピア 出版案内

### TOEIC®テスト 超リアル模試600問
**カリスマ講師による究極の模試3回分！**

600問の問題作成、解説執筆、音声講義のすべてを著者自らが手掛け、細部まで本物そっくりに作り込んだリアル過ぎる模試。各問の正答率、各選択肢の誤答率、難易度を表示し、予想スコアも算出。解説は持ち運びに便利な3分冊。リスニング問題と音声解説67分のMP3データをCD-ROMに収録した決定版。

著者：花田 徹也
A5判書籍530ページ＋CD-ROM1枚(202分)
定価1,890円（本体1,800円＋税）

### TOEIC®テスト 出まくりキーフレーズ
**直前にフレーズ単位で急速チャージ！**

TOEICテストの最頻出フレーズ500を、わずか1時間で耳と目から急速チャージします。フレーズを盛り込んだ例文は、試験対策のプロ集団がじっくり練り上げたもので、例文中のキーフレーズ以外の単語もTOEICテストやビジネスの必須単語ばかり。ひとつの例文が何倍にも威力を発揮する、まさに短期決戦の特効薬です。

著者：英語工房
B6判書籍188ページ＋CD1枚(57分)
定価1,575円（本体1,500円＋税）

### 990点満点講師はどのようにTOEIC®テストを解いているか
**解答のフローを秒単位で再現！**

満点を連発しているカリスマ講師陣にサンプル問題を解いてもらい、三者三様の解答のプロセスを秒単位で公開。いわば「頭の中を覗き見する」ことで、着眼点や戦略のヒントを得ようというものです。リスニング問題と満点を狙う難単語100の音声はコスモピアのホームページから無料ダウンロードできます。

著者：早川 幸治／神崎 正哉／TEX加藤
四六判書籍163ページ
定価1,575円（本体1,500円＋税）

### 新TOEIC®テスト 出まくり英文法
**英文法も例文ごと耳から覚える！**

TOEICテストを実際に受験し、最新の出題傾向を分析し続けている「英語工房（早川幸治、高橋基治、武藤克彦）」の第2弾。PART5とPART6に頻出する文法項目64について、TOEICテスト必須語彙や頻出フレーズを盛り込んだ例文を作成し、CDを聞きながら例文ごと脳に定着させます。

著者：英語工房
B6判書籍200ページ＋CD1枚(58分)
定価1,575円（本体1,500円＋税）

### 新TOEIC®テスト 出る語句1800
**ショートストーリーの中で覚える！**

1冊まるごとビジネスのストーリー仕立て。PART3形式の短い会話、PART4形式のスピーチやアナウンスの中に、最新のデータから選出した頻出語句が4つずつ入っています。ストーリーの流れに沿って関連語が次々と登場するので、記憶への定着度は抜群。単語の使い方ごと身につきます。

著者：早川 幸治
B6判書籍284ページ＋CD2枚(47分、52分)
定価1,680円（本体1,600円＋税）

### TOEIC®テスト 出まくりリスニング
**PART2・3・4対応の音の回路をつくる！**

リスニング問題によく出る「決まった言い回し」を繰り返し聞き込むと、音声が流れてきた瞬間に情景が思い浮かぶようになります。会話の基本でもあるPART2のA→B形式の応答を300セット用意。さらにPART3タイプは40、PART4タイプを20収録し、頭の中に「音の回路」を構築することでスコアアップに直結させます。

著者：神崎 正哉
B6判書籍187ページ＋CD1枚(64分)
定価1,575円（本体1,500円＋税）

全国の書店で発売中！　www.cosmopier.com

# 出版案内 コスモピア

## 新・最強のTOEIC®テスト入門
### 「見れば」すぐにポイントがわかる！

「全文を読むな」「動作だけを聞いても正解を選べる」「最初の数行に1問目の答えがある」というように、61の出題パターンをズバズバ提示。具体的な例題に沿いながら、解答のフローをページ見開きでわかりやすく示します。初受験で500点獲得、2回目以降の人は150点アップが目標です。

著者：塚田 幸光／横山 仁視 他
A5判書籍260ページ＋CD1枚（59分）
**定価1,890円**（本体1,800円＋税）

## 新・最強のTOEIC®テスト730突破
### 中級レベルでつまずくポイントに特化！

難問を瞬間的に見極めるテクニックを示しながら、「人物写真は進行形の受け身がカギ」「AかBかを選ばない選択疑問文のワナ」「時制問題を安易に『捨て問』にしてはいけない」「迷ったらwhichは、もう卒業しよう」など、ハイスコアへの道を開く50のポイントをズバリ伝授する攻略本。

著者：塚田 幸光／高橋 基治
A5判書籍240ページ＋CD1枚（41分）
**定価1,890円**（本体1,800円＋税）

## TOEIC®テスト リーディング速効ドリル
### PART7は速読力で真っ向勝負！

リーディング・セクションの最後の設問までたどり着くにはPART7のスピード対策が不可欠。本書のねらいは、「トピック・センテンス」をすばやく見つけて大意を把握、5W1Hに照らして要点を「スキミング」、設問で問われている情報を「スキャニング」するの3つ。114ページを割いたダブル・パッセージ対策も完璧。

著者：細井 京子／山本 千鶴子
A5判書籍264ページ
**定価1,764円**（本体1,680円＋税）

## 究極のTOEIC®テストトレーニング
### 模試200問を10倍活用する！

模試といえばとにかく問題を数多く解いて○か×か採点。しかし初めて受験する人や、これから600点をめざす人は、1回の模試を丁寧に復習することでこそスコアアップが可能になります。本書は正解が本当に納得できる解説、ディクテーションなどの補強学習を組み合わせた決定版。

監修：早川 幸治／問題作成：ダニエル・ワーリナ
解説：鈴木 淳
A5判書籍265ページ＋CD1枚（54分）
**定価1,680円**（本体1,600円＋税）

## TOEIC®テスト語彙＆文法一発快答！
### 正解としてねらわれる単語に焦点！

語彙対策は受験者の悩みの種。本書は単語の数ではなく「質」、つまり効率に徹底してこだわりました。解答の選択肢に頻出する語句を厳選し、例文やPART5形式の実践問題で攻略します。最後にはスコアをさらに50点上乗せするイディオムをチェック。音声はホームページから無料ダウンロード可。

著者：鈴木 淳
四六判書籍231ページ
**定価1,470円**（本体1,400円＋税）

## 大学1年生のためのTOEIC®テスト入門
### 1年生のときにダッシュをかけろ！

単位認定、クラス分け、進級条件と、大学での活用範囲が広がるTOEICテストの詳細をガイド。PART別攻略ポイントはCDで音声解説します。さらに「長文が苦手」「文法や単語の暗記が嫌い」「そもそも英語がとにかく嫌い」など、大学生からよく聞く7つの悩みに、5人の執筆陣が丁寧にアドバイス。

著者：早川 幸治／安河内 哲也／高橋 基治 他
B5判書籍122ページ＋CD1枚（50分）
**定価1,470円**（本体1,400円＋税）

---

全国の書店で発売中！　　www.cosmopier.com

通信講座　　　　　　　　　　　　　　　　　　　　CosmoPier

# 新TOEIC®テスト対策、
# 「何を」「どれだけ」「どう」学べばいいのか……
# 通信講座ならその答えが用意されています!

## 研修採用企業700社の目標スコア別3コース

### 新TOEIC®テスト スーパー入門コース

まずはリスニングからスタート。「聞くこと」を通して、英語の基礎固めとTOEICテスト対策の2つを両立させます。

| | |
|---|---|
| 開始レベル | スコア300点前後または初受験 |
| 目標スコア | 400点台 |
| 学習時間 | 1日20分×週4日 |
| 受講期間 | 3カ月 |
| 受講料 | 14,700円（税込） |

### 新TOEIC®テスト GET500コース

英語を、聞いた順・読んだ順に英語のまま理解する訓練を積み、日本語の介在を徐々に減らすことでスコアアップを実現します。

| | |
|---|---|
| 開始レベル | スコア400点前後 |
| 目標スコア | 500点台 |
| 学習時間 | 1日20分×週4日 |
| 受講期間 | 3カ月 |
| 受講料 | 20,790円（税込） |

### 新TOEIC®テスト GET600コース

600点を超えるには時間との闘いがカギ。ビジネスの現場でも必須となるスピード対策を強化し、さらに頻出語彙を攻略します。

| | |
|---|---|
| 開始レベル | スコア500点前後 |
| 目標スコア | 600点台 |
| 学習時間 | 1日30分×週4日 |
| 受講期間 | 4カ月 |
| 受講料 | 29,400円（税込） |

監修　田中宏昌　明星大学教授
NHK「ビジネス英会話」「英語ビジネスワールド」の講師を4年にわたって担当。ビジネスの現場に精通している。

●大手企業でも、続々と採用中!
【採用企業例】
NEC／NTTグループ／富士通エフ・アイ・ピー／松下電工／本田技研工業／INAX／アサヒ飲料／シチズン電子／京セラ／エイチ・アイ・エス　他

## まずはパンフレット（無料）をご請求ください

教材の一部の音声をネットで試聴もできます。

＊本書はさみ込みのハガキが便利です。

**www.cosmopier.com**

〒151-0053　東京都渋谷区代々木4-36-4　TEL 03-5302-8378　FAX 03-5302-8399
主催　コスモピア

TOEIC is a registered trademark of Educational Testing Service(ETS). This product is not endorsed or approved by ETS.